한통이와 함께 하는 한국어

한통이 어플 다운로드

 Google Play    App Store

한통이는
구글 플레이 스토어,
애플 앱스토어에서
지금 설치하세요

한통이와 함께하는 한국어

발행일 | 2019년 08월 08일
저 자 | 강현주·손지혜·변영훈·류법모
편 집 | 곽승훈
삽 화 | 임주원
디자인 | 김현지
펴낸이 | 최도욱
펴낸곳 | 소 통
주 소 | 서울시 금천구 시흥대로 73길 11 상가동 207호
전 화 | 070-8843-1172
팩 스 | 0505-828-1177
이메일 | sotongpub@gmail.com
블로그 | http://blog.daum.net/dwchoi
가 격 | 15,000원
ISBN 979-11-86453-77-3 93710

이 도서의 국립중앙도서관 출판예정도서목록(CIP)은 서지정보유통지원시스템 홈페이지
(http://seoji.nl.go.kr)와 국가자료공동목록시스템 (http://www.nl.go.kr/kolisnet)에서
이용하실 수 있습니다.(CIP제어번호:CIP2019026237)

이 책의 내용은 저작권법에 따라 보호받고 있습니다.

머리말

한통이와 함께 하는 한국어는 스마트폰 어플리케이션 '한통이'를 활용하여 한국어를 공부할 수 있도록 만들어진 교재입니다. '한통이'는 한국연구재단에서 지원하는 학제 간융합연구의 성과물로 영어, 일본어, 러시아어, 태국어 등 11개 언어로 대역어 서비스를 제공하는 무료 어플리케이션입니다. 사진, 음성 등 다양한 형태의 입력이 가능하며, 문장의 의미를 분석하여 단어의 다양한 의미 중 가장 근접한 의미를 제안하고, 형태소 단위로 문장을 분석해 주기 때문에 초급 학습자들도 쉽게 사용할 수 있습니다. 또한 국립국어원에서 개발한 한국어 기초학습사전과 연계되어 있어 단어의 다양한 의미와 예문을 접할 수 있습니다.

본 교재에 수록된 단어들은 국제통용한국어교육표준모형의 초급에 해당하는 어휘들입니다. 하지만 기존의 초급 교재에서 자주 볼 수 없지만 실생활에서 사용 빈도가 높은 어휘들을 포함하려고 노력했습니다. 특히 한국으로 이민을 온 외국인들에게 도움이 되고자 교재를 제작하게 되었습니다. 교재는 책뿐만 아니라 어플리케이션에서도 공부할 수 있도록 구성되어 있습니다. 앞으로 본 교재는 초급뿐 아니라 중급 학습자들을 위한 교재도 제작할 계획입니다.

본 교재가 출간되기까지 물심양면으로 도와주신 모든 분들께 감사드립니다. 본 교재가 많은 이주민들과 한국에 관심을 갖기 시작한 초급 한국어 학습자들에게 유용한 자원이 되기를 바랍니다.

저자를 대표하여 강현주 드림

일러두기

이 책은 한국어를 처음 접하는 학습자들이 사용할 수 있는 실용적인 어휘와 표현을 모아 놓았습니다. 1권에서는 14개의 주제에 자주 사용되는 2개의 어휘장을 제시하고 있으며, 이 어휘와 함께 유용하게 쓸 수 있는 3개의 문법을 소개하고 있습니다.

1 어휘 제시

학습자가 공부해야 할 어휘를 그림과 함께 제시하고 있습니다. 어휘의 의미는 한통이 앱을 통해 확인하시기 바랍니다.

2 어휘 예문

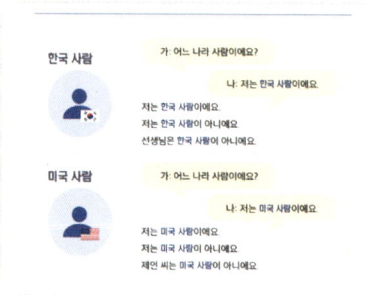

위에 제시된 어휘가 포함된 예문을 대화문과 문장의 형태로 제시하였습니다. 학습자들은 이 문장을 따라 하면서 어휘가 사용되는 맥락을 알 수 있게 될 것입니다.

3 어휘 연습

어휘의 의미와 사용법을 연습할 수 있는 문제를 풀면서 어휘 사용 능력을 높일 수 있습니다.

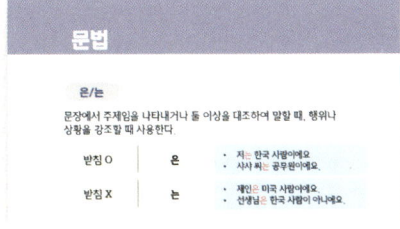

4 문법

예문에 사용된 문법을 간단히 설명하였습니다. 문법의 의미를 더 자세하게 알고 싶으면 한통이와 연결된 한국어 기초 사전을 참고해 주십시오.

5 활동

각 단원에서 공부한 어휘를 활용하여 수행할 수 있는 의사소통 활동을 제시했습니다.

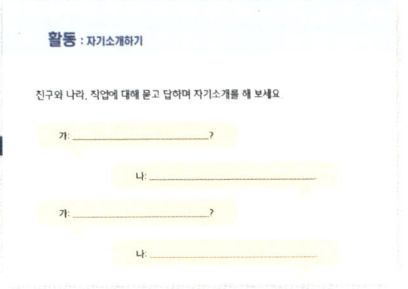

6 연습 문제

단원에서 공부한 어휘와 문법을 종합적으로 확인할 수 있는 연습 문제를 마련했습니다. 연습 문제를 풀면서 단원의 성취도를 확인할 수 있습니다.

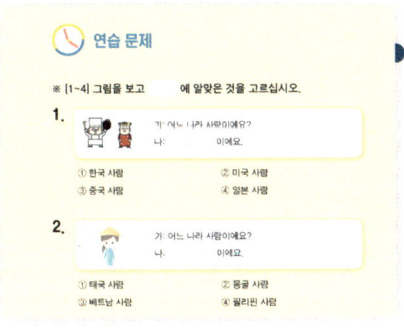

교재 구성

단원	단원명	어휘	문법	학습목표
1	자기소개	국적 직업	1. 은/는 2. 이에요/예요 3. 이/가 아니에요	국적과 직업 어휘를 사용하여 자신을 소개할 수 있다.
2	위치	물건 위치	1. 에 2. 의 3. 이/가 있다/없다	물건의 이름과 위치 어휘를 알고 물건의 위치를 이야기 할 수 있다.
3	장소	장소 방향	1. (으)로 2. 에서~까지 3. -(으)세요	장소와 방향 관련 어휘를 사용하여 원하는 장소를 묻고 대답할 수 있다.
4	일상생활	일상생활 동사	1. 에서 2. 을/를 3. -아/어/여요	일상생활과 관련된 동사를 사용하여 일상생활에 대해 이야기 할 수 있다.
5	물건 사기	쇼핑 물건 쇼핑 관련 형용사	1. 도 2. 하고 3. -고 싶다	물건 어휘와 쇼핑 관련 형용사를 사용하여 사고 싶은 물건에 대해 이야기 할 수 있다.
6	교통	교통수단 (교통수단) 형용사, 동사	1. 에 2. (으)로 3. 안/-지 않다	장소와 방향 관련 어휘를 사용하여 원하는 장소를 묻고 대답할 수 있다.
7	가족	가족 외모 형용사	1. -고 2. -지만 3. -(으)시-	자신의 가족과 가족의 외모를 소개할 수 있다.

단원	단원명	어휘	문법	학습목표
8	외모	신체 옷	1. 처럼 2. 보다 3. -고 있다	신체와 옷 관련 어휘를 사용하여 외모나 옷에 대해 설명할 수 있다.
9	주말	날짜 요일 시간 취미 표현	1. -(으)러 가다 2. -았/었/였- 3. -(으)ㄹ 거예요	주말 활동에 대해서 이야기할 수 있다.
10	음식	음식 맛	1. -(으)ㄹ까요? 2. -아/어/여 보다 3. -(으)ㄴ/는	음식과 맛 관련 어휘를 사용하여 음식을 제안하는 말을 할 수 있다.
11	날씨와 계절	계절 날씨 계절 활동	1. -네요 2. -아/어/여서 3. -(으)ㄹ 수 있다/없다	한국의 날씨와 고향의 날씨를 고향의 날씨와 비교해서 말할 수 있다.
12	기분과 감정	기분 감정	1. -지요? 2. -(으)니까 3. -(으)ㄴ 것 같다	기분과 감정 표현 어휘를 사용하여 기분을 표현하는 할 수 있다.
13	여행	여행시 여행 종류 여행 관련 어휘	1. -기 전에 2. -(으)ㄴ 후에 3. -(으)ㄴ 적이 있다/없다	여행 경험과 여행 후 감상에 대해 이야기할 수 있다.
14	병원	증상 치료	1. 못/-지 못하다 2. -아/어/여야 하다 3. -지 말다	증상과 치료 관련 어휘를 사용하여 증상을 표현하는 할 수 있다.

차례

1과	자기소개	11
2과	위치	25
3과	장소	39
4과	일상생활	53
5과	물건 사기	67
6과	교통	80
7과	가족	94
8과	외모	108
9과	주말	122
10과	음식	136
11과	날씨와 계절	150
12과	기분과 감정	164
13과	여행	178
14과	병원	192

01
자기소개

학습 목표
- 국적과 직업 어휘를 사용하여 자신을 소개할 수 있다.

어휘
- 국적
- 직업

문법
- 은/는
- 이에요/예요
- 이/가 아니에요

어휘 ① 국적

공부해 보세요

 한국 사람　　 미국 사람　　 중국 사람

 일본 사람　　 베트남 사람　 필리핀 사람

 캄보디아 사람　 몽골 사람　　 태국 사람

한국 사람

가: 어느 나라 사람이에요?

나: 저는 **한국 사람**이에요.

저는 **한국 사람**이에요.
저는 **한국 사람**이 아니에요.
선생님은 **한국 사람**이 아니에요.

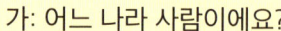

미국 사람

가: 어느 나라 사람이에요?

나: 저는 **미국 사람**이에요.

저는 **미국 사람**이에요.
저는 **미국 사람**이 아니에요.
제인 씨는 **미국 사람**이 아니에요.

중국 사람

가: 어느 나라 사람이에요?

나: 저는 **중국 사람**이에요.

저는 **중국 사람**이에요.
저는 **중국 사람**이 아니에요.
제임스는 **중국 사람**이 아니에요.

일본 사람

가: 어느 나라 사람이에요?

나: 저는 **일본 사람**이에요.

저는 **일본 사람**이에요.
저는 **일본 사람**이 아니에요.
루나는 **일본 사람**이 아니에요.

베트남 사람

가: 어느 나라 사람이에요?

나: 저는 **베트남 사람**이에요.

저는 **베트남 사람**이에요.
뚜언 씨는 **베트남 사람**이에요.
저는 **베트남 사람**이 아니에유.

필리핀 사람

가: 어느 나라 사람이에요?

나: 저는 **필리핀 사람**이에요.

저는 **필리핀 사람**이에요.
저는 **필리핀 사람**이 아니에요.
마크는 **필리핀 사람**이 아니에요.

어휘 ❶ 국적

캄보디아 사람

가: 어느 나라 사람이에요?

나: 저는 **캄보디아 사람**이에요.

저는 **캄보디아 사람**이에요.
저는 **캄보디아 사람**이 아니에요.
제임스는 **캄보디아 사람**이 아니에요.

몽골 사람

가: 바야르 씨는 **몽골** 사람이에요?

나: 네, **몽골 사람**이에요.

저는 **몽골 사람**이에요.
사라 씨는 **몽골 사람**이에요.
저는 **몽골 사람**이 아니에요.

태국 사람

가: 폴라 씨는 **태국** 사람이에요?

나: 네, **태국 사람**이에요.

저는 **태국 사람**이에요.
소말리 씨는 **태국 사람**이 아니에요.
저는 **태국 사람**이 아니에요.

연습해 보세요

[보기]

 저는 **한국 사람** 이에요.

1.

 저는 _____ 이에요.

2.

 저는 _____ 이 아니에요.

3.

가: 어느 나라 사람이에요?
나 : 저는 _____ 이에요.

친구와 이야기해 보세요

가: 어느 나라 사람이에요?

나: _____.

어휘 ② 직업

공부해 보세요

 학생
 선생님
 회사원
 가수
 의사
 요리사
 공무원
 주부
 간호사
 군인
 기자

학생

가: 직업이 뭐예요?

나: 저는 **학생**이에요.

저는 **학생**이에요.
지영 씨는 **학생**이에요.
유리 씨는 **학생**이 아니에요.

선생님

가: 직업이 뭐예요?

나: 저는 **선생님**이에요.

저는 **선생님**이에요.
글로리아 씨는 **선생님**이에요.
마크 씨는 **선생님**이 아니에요.

회사원

가: 직업이 뭐예요?

나: 저는 **회사원**이에요.

저는 **회사원**이에요.
제임스 씨는 **회사원**이에요.
저는 **회사원**이 아니에요.

가수

가: 직업이 뭐예요?

나: 저는 **가수**예요.

저는 **가수**예요.
뚜언 씨는 **가수**예요.
저는 **가수**가 아니에요.

의사

가: 직업이 뭐예요?

나: 저는 **의사**예요.

저는 **의사**예요.
유라 씨는 **의사**예요.
저는 **의사**가 아니에요.

요리사

가: 직업이 뭐예요?

나: 저는 **요리사**예요.

저는 **요리사**예요.
지엔 씨는 **요리사**예요.
저는 **요리사**가 아니에요.

어휘 ② 직업

공무원

가: 직업이 뭐예요?
나: 저는 **공무원**이에요.

저는 **공무원**이에요.
샤샤 씨는 **공무원**이에요.
저는 **공무원**이 아니에요.

주부

가: 직업이 뭐예요?
나: 저는 **주부**예요.

저는 **주부**예요.
푸잉 씨는 **주부**예요.
저는 **주부**가 아니에요.

간호사

가: 직업이 뭐예요?
나: 저는 **간호사**예요.

저는 **간호사**예요.
유첸 씨는 **간호사**예요.
저는 **간호사**가 아니에요.

군인

가: 직업이 뭐예요?
나: 저는 **군인**이에요.

저는 **군인**이에요.
시언 씨는 **군인**예요.
저는 **군인**이 아니에요.

기자

가: 직업이 뭐예요?

나: 저는 **기자**예요.

저는 **기자**예요.
서준 씨는 **기자**예요.
저는 **기자**가 아니에요.

어휘 ② 직업

연습해 보세요

[보기]

저는 **선생님** 이에요.

1.

저는 _____ 예요.

2.

저는 _____ 가 아니에요.

3.

가: 직업이 뭐예요?
나: 저는 _____ 이에요.

친구와 이야기해 보세요

가: 직업이 뭐예요?

나: _____.

문법

은/는

문장에서 주제임을 나타내거나 둘 이상을 대조하여 말할 때, 행위나 상황을 강조할 때 사용한다.

받침 O	은	• 저는 한국 사람이에요 • 샤샤 씨는 공무원이에요.
받침 X	는	• 제인은 미국 사람이에요. • 선생님은 한국 사람이 아니에요.

이에요/예요

명사에 붙어 그 명사가 문장에서 서술어의 기능을 하도록 한다.

받침 O	이에요	• 저는 한국 사람이에요. • 샤샤 씨는 공무원이에요.
받침 X	예요	• 저는 주부예요. • 유라 씨는 의사예요.

이/가 아니에요

명사에 붙어 어떤 대상이나 사실을 부정함을 나타낸다. '이다'의 부정표현이다.

받침 O	이 아니에요	• 저는 한국 사람이 아니에요. • 루나는 일본 사람이 아니에요.
받침 X	가 아니에요	• 저는 주부가 아니에요. • 유첸 씨는 간호사가 아니에요.

활동 : 자기소개하기

친구와 나라, 직업에 대해 묻고 답하며 자기소개를 해 보세요.

가: _____?

나: _____.

가: _____?

나: _____.

memo

연습 문제

※ [1~4] 그림을 보고 ____ 에 알맞은 것을 고르십시오.

1.

가: 어느 나라 사람이에요?
나: _____ 이에요.

① 한국 사람   ② 미국 사람
③ 중국 사람   ④ 일본 사람

2.

가: 어느 나라 사람이에요?
나: _____ 이에요.

① 태국 사람   ② 몽골 사람
③ 베트남 사람   ④ 필리핀 사람

3.

가: 직업이 뭐예요?
나: _____ 이에요/예요.

① 선생님   ② 회사원
③ 요리사   ④ 공무원

4.

가: 직업이 뭐예요?
나: _____ 이에요/예요.

① 학생   ② 가수
③ 의사   ④ 기자

※ [5~6] 무엇에 대한 이야기입니까?

5.
> 저는 한국 사람이에요. 친구는 캄보디아 사람이에요.

① 이름 ② 국적
③ 시간 ④ 요일

6.
> 저는 학생이에요. 수진 씨는 간호사예요.

① 날씨 ② 장소
③ 직업 ④ 나이

※ [7] _____ 에 들어갈 가장 알맞은 말을 고르십시오.

7.
> 가: 주부예요?
> 나: _____

① 네, 회사원이에요. ② 아니요, 주부예요.
③ 네, 회사원이 아니에요. ④ 아니요, 주부가 아니에요.

02

위치

학습 목표

🟡 물건의 이름과 위치 어휘를 알고 물건의 위치를 이야기할 수 있다.

어휘

🟡 물건

🟡 위치

문법

🟡 에

🟡 의

🟡 이/가 있다/없다

어휘 ❶ 물건

공부해 보세요

 책　　 공책　　 펜

 시계　　 가방　　 가위

 화장품　　 의자　　 책상

 침대　　 세탁기　　 텔레비전

책

가: **책**이 있어요?

나: 아니요, **책**이 없어요.

책이에요.
란 씨의 **책**이에요.
의자 위에 **책**이 있어요.

공책

가: **공책**이 있어요?

나: 아니요, **공책**이 없어요.

공책이에요.
뚜언 씨의 **공책**이에요.
침대 위에 **공책**이 있어요.

펜

가: 누구의 **펜**이에요?

나: 뚜언 씨의 **펜**이에요.

펜이에요.
석진 씨의 **펜**이에요.
책상 위에 **펜**이 있어요.

시계

가: 누구의 **시계**예요?

나: 유첸 씨의 **시계**예요.

시계예요.
유라 씨의 **시계**예요.
텔레비전 위에 **시계**가 있어요.

가방

가: 누구의 **가방**이에요?

나: 지엔 씨의 **가방**이에요.

가방이에요.
나오키 씨의 **가방**이에요.
책상 옆에 **가방**이 있어요.

가위

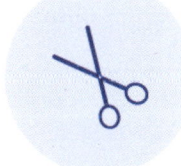

가: **가위**가 있어요?

나: 아니요, **가위**가 없어요.

가위예요.
링링 씨의 **가위**예요.
책상 아래에 **가위**가 있어요.

어휘 ① 물건

화장품

가: **화장품**이 있어요?

나: 아니요, **화장품**이 없어요.

화장품이에요.
제인 씨의 **화장품**이에요.
침대 옆에 **화장품**이 있어요.

의자

가: **의자**가 있어요?

나: 아니요, **의자**가 없어요.

의자예요.
글로리아 씨의 **의자**예요.
책상 앞에 **의자**가 있어요.

책상

가: **책상**이 있어요?

나: 아니요, **책상**이 없어요.

책상이에요.
제임스 씨의 **책상**이에요.
침대 옆에 **책상**이 있어요.

침대

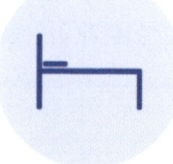

가: **침대**가 있어요?

나: 아니요, **침대**가 없어요.

침대예요.
윤아 씨의 **침대**예요.
텔레비전 옆에 **침대**가 있어요.

세탁기

가: **세탁기**가 있어요?

나: 아니요, **세탁기**가 없어요.

세탁기예요.
린 씨의 **세탁기**예요.
의자 옆에 **세탁기**가 있어요.

텔레비전

가: **텔레비전**이 있어요?

나: 아니요, **텔레비전**이 없어요.

텔레비전이에요.
석진 씨의 **텔레비전**이에요.
침대 옆에 **텔레비전**이 있어요.

어휘 ❶ 물건

연습해 보세요

1.

제임스의 _____ 이에요/예요.

2.

저는 _____ 이/가 있어요.

3.

가: 유라 씨 _____ 이/가 있어요?
나: 아니요. _____ 이/가 없어요.

친구와 이야기해 보세요

가: (집/교실/회사/…)에 무엇이 있어요?

나: _____.

어휘 ② 위치

공부해 보세요

 위   아래   앞

 뒤   옆   사이

 안   밖

위

가: 시계가 어디에 있어요?
나: 텔레비전 **위**에 시계가 있어요.

책상 **위**에 있어요.
책상 **위**에 책이 있어요.
침대 **위**에 가위가 없어요.

아래

가: 펜이 어디에 있어요?
나: 책상 **아래**에 펜이 있어요.

책상 **아래**에 있어요.
의자 **아래**에 공책이 있어요.
침대 **아래**에 화장품이 없어요.

어휘 ❷ 위치

앞

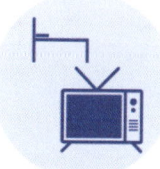

가: 텔레비전이 어디에 있어요?
나: 침대 **앞**에 텔레비전이 있어요.

책상 **앞**에 있어요.
세탁기 **앞**에 의자가 있어요.
가방 **앞**에 가위가 없어요.

뒤

가: 링링 씨가 어디에 있어요?
나: 선생님 **뒤**에 링링 씨가 있어요.

의자 **뒤**에 있어요.
영훈 씨 **뒤**에 가방이 있어요.
린 씨 **뒤**에 유라 씨가 없어요.

옆

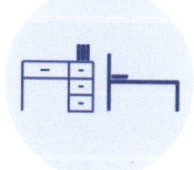

가: 침대가 어디에 있어요?
나: 책상 **옆**에 침대가 있어요.

세탁기 **옆**에 있어요.
글로리아 씨 **옆**에 화장품이 있어요.
뚜언 씨 **옆**에 루나 씨가 없어요.

사이

가: 선생님이 어디에 있어요?
나: 마크 씨 하고 나오키 씨 **사이**에 있어요.

책상하고 의자 **사이**에 있어요.
책하고 공책 **사이**에 펜이 있어요.
책상하고 침대 **사이**에 가방이 없어요.

안

가: 펜이 어디에 있어요?

나: 가방 **안**에 펜이 있어요.

가방 **안**에 있어요.
가방 **안**에 화장품이 있어요.
세탁기 **안**에 옷이 없어요.

밖

가: 유라 씨가 어디에 있어요?

나: 커피숍 **밖**에 유라 씨가 있어요.

밖에 있어요.
집 **밖**에 지영 씨가 있어요.
교실 **밖**에 뚜언 씨가 없어요.

어휘 ② 위치

연습해 보세요

1.

책상 _____ 에 공책이 있어요.

2.

의자 _____ 에 가방이 없어요.

3.

가: 펜이 어디에 있어요?

나: 펜은 시계하고 가위 _____ 에 있어요.

친구와 이야기해 보세요

가: (공책/침대/시계/세탁기/…)이/가 어디에 있어요?

나: _____.

문법

에

명사에 붙어 사람이나 사물이 존재하거나 위치를 나타낼 때 사용한다.

	에	
받침 O 받침 X	에	• 가방 위에 있어요. • 책 위에 가위가 없어요. • 집 밖에 있어요? • 가방 안에 있어요.

의

명사에 붙어 앞의 말과 뒷말 사이에 소유 등의 의미 관계가 있을 때 사용한다.

	의	
받침 O 받침 X	의	• 앤디 씨의 책이에요. • 학교의 책상이에요. • 선생님의 펜이에요. • 동생의 가방이에요.

이/가 있다/없다

명사에 붙어서 사람이나 사물이 존재하거(있다)나 존재하지 않음(없다)을 나타낼 때 사용한다.

받침 O	이 있다/ 이 없다	• 방 안에 화장품이 있어요. • 선생님 뒤에 링링이 없어요.
받침 X	가 있다/ 가 없다	• 세탁기 안에 의자가 있어요. • 뚜언 씨 옆에 루나 씨가 없어요.

활동 : 위치 이야기하기

친구의 집에 어떤 물건이 있는지 묻고 그 물건의 위치에 대해 이야기 해보세요.

가: _____?

나: _____.

가: _____?

나: _____.

memo

 **연습 문제**

※ [1~4] 그림을 보고 ____ 에 알맞은 것을 고르십시오.

1.

가: 가방이 어디에 있어요?
나: ____ 옆에 있어요.

① 책상　　② 의자
③ 침대　　④ 시계

2.

가: 펜이 어디에 있어요?
나: 공책 ____ 에 있어요.

① 앞　　② 뒤
③ 옆　　④ 위

3.

가: 제임스 씨가 어디에 있어요?
나: 마크 씨 ____ 에 있어요.

① 위　　② 뒤
③ 사이　　④ 아래

4.

가: 누구의 책이에요?
나: ____ 책이에요.

① 윤아 씨가　　② 윤아 씨는
③ 윤아 씨의　　④ 윤아 씨를

※ [5~6] 무엇에 대한 이야기입니까?

5.
> 교실 안에 책상이 있어요. 의자 위에 가방이 있어요.

① 이름　　　　　　② 위치
③ 직업　　　　　　④ 장소

6.
> 이것은 가위예요. 저것은 시계예요.

① 음식　　　　　　② 여행
③ 물건　　　　　　④ 시간

※ [7] ____에 들어갈 가장 알맞은 말을 고르십시오.

7.
> 가: 화장품이 있어요?
> 나: ____

① 네, 펜이 있어요.　　　　　② 네, 펜이 없어요.
③ 아니요, 화장품이 있어요.　　④ 아니요, 화장품이 없어요.

03
장소

학습 목표
- 장소와 방향 관련 어휘를 사용하여 원하는 장소를 묻고 대답할 수 있다.

어휘
- 장소
- 방향

문법
- (으)로
- 에서~까지
- -(으)세요

어휘 ① 장소

공부해 보세요

 집
 학교
 회사
 식당
 가게
 공원
 병원
 은행
 시장
 우체국
 문구점
 미용실
 커피숍

집

가: 지금 어디 가요?
나: **집**으로 가요.

집에서 학교까지 가요.
맞은편에 **집**이 있어요.
티엔 씨는 **집**으로 가요.

학교

가: 지금 어디 가요?

나: **학교**로 가요.

학교에서 은행까지 가요.
미나토 씨는 **학교**로 가요.
학교 건너편에 우체국이 있어요.

회사

가: 지금 어디 가요?

나: **회사**로 가요.

회사에서 집까지 가요.
유라 씨는 **회사**로 가요.
은행 건너편에 **회사** 있어요.

식당

가: 지금 어디 가요?

나: **식당**으로 가요.

시장에 **식당**이 있어요.
식당에서 병원까지 가요.
루나 씨는 **식당**으로 가요.

가게

가: 지금 어디 가요?

나: 생선 **가게**로 가요.

옷 **가게**에서 집까지 가요.
시장에 반찬 **가게**가 있어요.
알렉스 씨는 신발 **가게**로 가요.

어휘 ❶ 장소

공원

가: 지금 어디 가요?

나: **공원**으로 가요.

공원에서 학교까지 가요.
뚜언 씨는 **공원**으로 가요.
집 왼쪽에 **공원**이 있어요.

병원

가: 지금 어디 가요?

나: **병원**으로 가요.

병원에 식당이 있어요.
병원에서 집까지 가요.
글로리아 씨, **병원**으로 가요.

은행

가: 지금 어디 가요?

나: **은행**으로 가요.

은행에서 우체국까지 가요.
나오키 씨는 **은행**으로 가요.
은행 건너편에 공원이 있어요.

시장

가: 지금 어디 가요?

나: **시장**으로 가요.

영훈 씨는 **시장**으로 가요.
시장에서 문구점까지 가요.
시장 왼쪽에 식당이 있어요.

우체국

가: 지금 어디 가요?

나: **우체국**으로 가요.

학교에 **우체국**이 있어요.
유라 씨는 **우체국**으로 가요.
우체국에서 문구점까지 가요.

문구점

가: 지금 어디 가요?

나: **문구점**으로 가요.

문구점에서 집까지 가요.
알렉스 씨는 **문구점**으로 가요.
문구점 왼쪽에 학교가 있어요.

미용실

가: 지금 어디 가요?

나: **미용실**로 가요.

미용실에서 시장까지 가요.
글로리아 씨는 **미용실**로 가요.
집 건너편에 **미용실**이 있어요.

커피숍

가: 지금 어디 가요?

나: **커피숍**으로 가요.

커피숍에서 병원까지 가요.
유라 씨는 **커피숍**으로 가요.
문구점 오른쪽에 **커피숍**이 있어요.

어휘 ❶ 장소

연습해 보세요

1.

제임스 씨는 _____ (으)로 가요.

2.

저는 학교에서 _____ 까지 가요.

3.

가: 유라 씨 어디로 가요?

나 : 저는 _____ (으)로 가요.

친구와 이야기해 보세요

가: 지금 어디 가요?

나: _____.

어휘 ❷ 방향

공부해 보세요

 오른쪽   왼쪽   맞은편

 똑바로   건너다   지나가다

 돌아가다/돌아오다

오른쪽

가: 시장은 어디로 가요?

나: 병원에서 **오른쪽**으로 가세요.

오른쪽으로 가세요.
은행 **오른쪽**에 식당이 있어요.
석진 씨 **오른쪽**에 르샤 씨가 있어요.

왼쪽

가: 학교는 어디로 가요?

나: 은행에서 **왼쪽**으로 가세요.

왼쪽으로 가세요.
커피숍 **왼쪽**으로 가세요.
문구점 **왼쪽**에 학교가 있어요.

어휘 ② 방향

맞은편

가: 옷 가게는 어디로 가요?

나: 문구점 **맞은편**으로 가세요.

맞은편으로 가세요.
식당 **맞은편**에 공원이 있어요.
사라 씨 **맞은편**에 링링 씨가 있어요.

똑바로

가: 은행은 어디로 가요?

나: 여기서 **똑바로** 가세요.

똑바로 가세요.
은행까지 **똑바로** 가세요.
사거리에서 **똑바로** 가세요.

건너다

가: 시장은 어디에 있어요?

나: 옷 가게 맞은편에 있어요.
여기에서 **건너세요**.

여기에서 **건너세요**.
우체국 앞에서 **건너요**.
커피숍 앞에서 **건너세요**.

지나가다

가: 학교는 어디에 있어요?

나: 먼저 우체국을 **지나가세요**.
그리고 은행에서 오른쪽으로 가세요.

공원을 **지나가세요**.
여기를 **지나가세요**.
옷 가게를 **지나가요**.

돌아가다/돌아오다

가: 한국에 언제 돌아와요?

나: 다음 달에 **돌아와요**.

고향에 **돌아가요**.
학교에서 왼쪽으로 **돌아가세요**.
병원에서 오른쪽으로 **돌아가세요**.

어휘 ❷ 방향

연습해 보세요

1.

   문구점은 학교 _____ 에 있어요.

2.

   병원은 집 _____ 에 있어요.

3.

   가: 우체국이 어디에 있어요?

   나: 우체국은 커피숍 _____ 에 있어요.

친구와 이야기해 보세요

가: (우체국/학교/회사/…)은/는 어디로 가요?

나: _____.

문법

(장소/위치)(으)로

명사에 붙어 목적지 또는 움직이는 방향을 나타낼 때 사용한다.

받침 O	으로	• 은행으로 가요. • 오른쪽으로 가세요.
받침 X ㄹ 받침	로	• 학교로 가요. • 미용실로 가요.

에서~까지

명사에 붙어 어떤 행위나 동작이 이루어지는 장소임을 나타낼 때 사용한다.
명사에 붙어 시간이나 공간 범위의 끝 지점을 나타낼 때 사용한다.

받침 O 받침 X	에서~까지	• 은행에서 커피숍까지 가요. • 미용실에서 병원까지 가요. • 학교에서 옷가게까지 가요. • 신발가게에서 학교까지 가요.

-(으)세요

동사에 붙어 어떠한 행동을 할 것을 명령 또는 요청한다. 높임의 대상에게 무언가를 시킬 때 사용한다.

받침 O	-으세요	• 밥을 먹으세요. • 책상에 앉으세요.
받침 X ㄹ받침	-세요	• 학교로 가세요. • 병원을 지나가세요.

활동 : 장소 이야기하기

친구와 함께 가고 싶은 장소를 물어보고, 장소에 대해 이야기 해보세요.

가: _____?

나: _____.

가: _____?

나: _____.

memo

 **연습 문제**

※ [1~4] 그림을 보고 ____ 에 알맞은 것을 고르십시오.

1.

 가: 여기는 어디예요?
나: ____ 이에요/예요.

① 식당　　　　　　② 시장
③ 병원　　　　　　④ 공원

2.

 가: 여기는 어디예요?
나: 여기는 ____ 이에요/예요.

① 은행　　　　　　② 가게
③ 문구점　　　　　④ 커피숍

3.

가: 우체국이 어디에 있어요?
나: 집 ____ 에 있어요.

① 왼쪽　　　　　　② 오른쪽
③ 건너편　　　　　④ 맞은편

4.

가: 학교가 어디에 있어요?
나: 집 ____ 에 있어요.

① 안　　　　　　　② 옆
③ 오른쪽　　　　　④ 맞은편

※ [5] 무엇에 대한 이야기입니까?

5.

> 학교가 회사 오른쪽에 있어요.

① 장소　　　　② 시간
③ 이름　　　　④ 나라

※ [6~7] 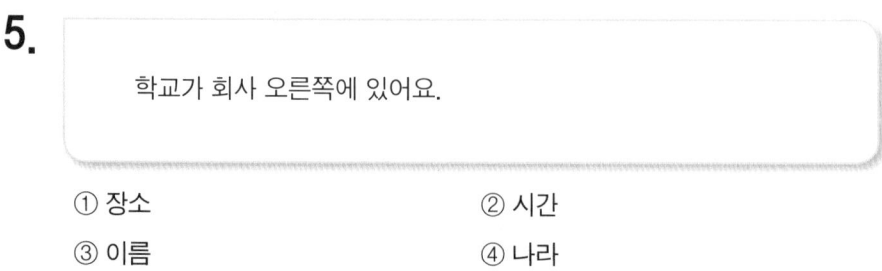 에 들어갈 가장 알맞은 말을 고르십시오.

6.

> 회사에서 가게 _____ 가요.

① 가　　　　② 는
③ 까지　　　④ 하고

7.

> 가: 병원은 어디에 있어요?
> 나: 오른쪽 _____ 가세요.

① 은　　　　② 이
③ 에서　　　④ 으로

04
일상생활

학습 목표
- 일상생활과 관련된 동사를 사용하여 일상생활에 대해 이야기 할 수 있다.

어휘
- 일상생활 동사

문법
- 에서
- 을/를
- -아/어요

어휘 ❶ 일상생활 동사[1]

공부해 보세요

 가다　　 오다　　 보다

 먹다　　 마시다　 자다

 말하다　 듣다　　 읽다

 쓰다　　 만나다　 사다

가다

가: 어디에 **가요**?

나: 학교에 **가요**.

똑바로 **가세요**.
저는 공원에 **가요**.
병원에서 오른쪽으로 **가세요**.

오다

가: 학교까지 어떻게 **와요**?

나: 버스를 타고 **와요**.

여기로 **오세요**.
집으로 **오세요**.
마크 씨는 학교에 **와요**.

보다

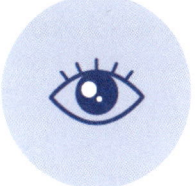

가: 무엇을 해요?

나: 집에서 드라마를 **봐요**.

저는 텔레비전을 **봐요**.
뚜언 씨는 드라마를 **봐요**.
유라 씨는 영화관에서 영화를 **봐요**.

먹다

가: 무엇을 먹어요?

나: 저는 사과를 **먹어요**.

저는 비빔밥을 **먹어요**.
글로리아 씨는 김치를 **먹어요**.
저는 식당에서 우동을 **먹어요**.

마시다

가: 무엇을 **마셔요**?

나: 저는 주스를 **마셔요**.

저는 물을 **마셔요**.
폴라 씨는 우유를 **마셔요**.
저는 커피숍에서 커피를 **마셔요**.

자다

가: 제임스 씨는 무엇을 해요?

나: 제임스 씨는 집에서 잠을 **자요**.

저는 잠을 **자요**.
유라 씨는 잠을 **자요**.
저는 기숙사에서 잠을 **자요**.

어휘 ① 일상생활 동사[1]

말하다

가: 이것은 한국어로 어떻게 **말해요**?

나: 이것은 한국어로 "OO"이에요.

저는 친구하고 **말해요**.
선생님은 한국어를 **말해요**.
루나 씨는 학교에서 바야르 씨하고 **말해요**.

듣다

가: 무엇을 **들어요**?

나: 한국 음악을 **들어요**.

저는 수업을 **들어요**.
소말리 씨는 한국 음악을 **들어요**.
저는 공원에서 한국 음악을 **들어요**.

읽다

가: 도서관에서 무엇을 해요?

나: 필리핀 책을 **읽어요**.

저는 책을 **읽어요**.
나오키 씨는 한국어 책을 **읽어요**.
저는 씨는 커피숍에서 책을 **읽어요**.

쓰다

가: 무엇을 해요?

나: 집에서 일기를 **써요**.

저는 편지를 **써요**.
여기에 이름을 **쓰세요**.
남준 씨는 일기를 **써요**.

만나다

가: 누구를 **만나요**?

나: 선생님을 **만나요**.

저는 친구를 **만나요**.
석진 씨는 린 씨를 **만나요**.
링링 씨는 커피숍에서 친구를 **만나요**.

사다

가: 무엇을 **사요**?

나: 화장품을 **사요**.

저는 책을 **사요**.
유라 씨는 시계를 **사요**.
저는 시장에서 가방을 **사요**.

어휘 ① 일상생활 동사[1]

연습해 보세요

1.

민지 씨는 은행으로 _____.

2.

저는 민수 씨를 _____.

3.

가: 유라 씨 지금 뭐해요?

나 : 저는 지금 물을 _____.

친구와 이야기해 보세요

가: 지금 뭐 해요?

나: _____.

어휘 ② 일상생활 동사²

공부해 보세요

 주다
 받다
 보내다

 일하다
 공부하다
 전화하다

 청소하다
 요리하다

주다

가: 무엇을 **줘요**?

나: 저는 선생님한테 펜을 **줘요**.

저는 책을 **줘요**.
글로리아 씨는 펜을 **줘요**.
저는 커피숍에서 친구에게 시계를 **줘요**.

받다

가: 무엇을 **받아요**?

나: 저는 선생님한테 공책을 **받아요**.

저는 책을 **받아요**.
사라 씨는 화장품을 **받아요**.
저는 커피숍에서 친구한테 가방을 **받아요**.

어휘 ② 일상생활 동사[2]

보내다

가: 무엇을 해요?

나: 저는 신생님한테 편지를 **보내요**.

저는 편지를 **보내요**.
나오키 씨는 메시지를 **보내요**.
저는 집에서 이메일을 **보내요**.

일하다

가: 직업이 뭐예요?

나: 저는 식당에서 **일해요**.

저는 **일해요**.
소말리 씨는 **일해요**.
저는 가게에서 **일해요**.

공부하다

가: 무엇을 공부해요?

나: 학교에서 한국어를 **공부해요**.

저는 한국어를 **공부해요**.
글로리아 씨는 **공부해요**.
저는 도서관에서 **공부해요**.

전화하다

가: 누구에게 전화해요?

나: 친구에게 **전화해요**.

저는 집에서 **전화를 해요**.
저는 친구한테 **전화를 해요**.
뚜언 씨는 글로리아 씨한테 **전화를 해요**.

청소하다

가: 지금 뭐 해요?

나: 집을 **청소해요**.

저는 **청소해요**.
폴라 씨는 **청소해요**.
저는 집에서 **청소해요**.

요리하다

가: 마이클 씨는 지금 뭐 해요?

나: 한국 음식을 **요리해요**.

저는 **요리해요**.
저는 집에서 **요리해요**.
제인 씨는 **요리를 해요**.

어휘 ② 일상생활 동사²

연습해 보세요

1.
친구에게 책을 _____.

2.
오늘 시장에서 사과를 _____.

3.
가: 지금 무엇을 해요?
나: 친구에게 편지를 _____.

친구와 이야기해 보세요

가: (집/도서관/학교/회사/…)에서 무엇을 해요?

나: _____.

문법

에서

명사에 붙어 대상의 어떤 행위, 상태의 출발점 또는 시작점임을 나타낼 때 사용한다.

받침 O 받침 X	에서	• 서점에서 책을 사요. • 집에서 편지를 보냈어요. • 학교에서 공부해요. • 회사에서 일을 해요.

을/를

명사에 붙어 어떤 행위의 직접적인 대상이나 행위의 목적지가 되는 장소를 나타내며 문장의 목적어임을 나타낼 때 사용한다.

받침 O	을	• 무엇을 마셔요. • 밥을 먹어요.
받침 X	를	• 학교를 가요. • 편지를 보내요.

-아/어/여요

동사나 형용사 또는 '이다, 아니다'에 붙어 말하는 사람의 생각 또는 사실을 말할 때 사용한다.

'ㅏ, ㅗ' O	-아요	• 오늘 병원에 가요. • 유라 씨는 집에 돌아가요.
'ㅏ, ㅗ' X	-어요	• 제임스 씨는 주스를 마셔요. • 우진 씨는 진아 씨에게 책을 줘요.
-하다	-여요	• 집에서 청소해요. • 오늘 저녁에 직접 요리해요.

활동 : 일상생활 이야기하기

친구와 함께 평소에 무엇을 하는지 이야기 해 보세요.

가: _____?

나: _____.

가: _____?

나: _____.

memo

 **연습 문제**

※ [1~4] 그림을 보고 _____에 알맞은 것을 고르십시오.

1.
   가: 무엇을 해요?
   나: 학교에 _____.

   ① 가요　　　　　② 봐요
   ③ 먹어요　　　　④ 읽어요

2.
   가: 무엇을 해요?
   나: 가방을 _____.

   ① 자요　　　　　② 와요
   ③ 써요　　　　　④ 사요

3.
   가: 무엇을 해요?
   나: 물을 _____.

   ① 마셔요　　　　② 말해요
   ③ 만나요　　　　④ 일해요

4.
   가: 무엇을 해요?
   나: _____.

   ① 공부해요　　　② 전화해요
   ③ 청소해요　　　④ 요리해요

※ [5~7] ◯◯◯ 에 들어갈 가장 알맞은 말을 고르십시오.

5.

친구가 교실 ◯◯◯ 와요.

① 은　　　　　　② 이
③ 에　　　　　　④ 도

6.

유키 씨에게 편지 ◯◯◯ 보내요.

① 는　　　　　　② 가
③ 의　　　　　　④ 를

7.

도서관에서 책을 ◯◯◯.

① 읽어요　　　　② 만나요
③ 말해요　　　　④ 일해요

05
물건 사기

학습 목표
- 물건 어휘와 쇼핑 관련 형용사를 사용하여 사고 싶은 물건에 대해 이야기할 수 있다.

어휘
- 쇼핑 물건
- 쇼핑 관련 형용사

문법
- 도
- 하고
- -고 싶다

어휘 ❶ 쇼핑

> 공부해 보세요

 사과　　 오렌지　　 빵

 고기　　 물　　 우유

 주스　　 운동화　　 구두

 옷

사과

가: 무엇을 사요?

나: 가게에서 **사과**를 사요.

이것은 **사과**예요.
저는 **사과**를 먹어요.
사과는 책상 위에 있어요.

오렌지

가: 무엇을 사요?

나: 사과를 사요. **오렌지**도 사요.

이것은 **오렌지**예요.
저는 **오렌지**를 먹어요.
의자 아래에 **오렌지**가 있어요.

빵

가: 무엇을 사요?

나: 가게에서 **빵**을 사요.

이것은 **빵**이에요.
저는 **빵**을 먹어요.
세탁기 위에 **빵**이 없어요.

고기

가: 무엇을 사요?

나: 가게에서 **고기**를 사요.

이것은 **고기**예요.
저는 **고기**를 먹어요.
가방 안에 **고기**가 있어요.

물

가: 무엇을 사요?

나: 저는 **물**을 사요.

이것은 **물**이에요.
저는 **물**을 마셔요.
책상 위에 **물**이 있어요.

우유

가: **우유**가 있어요?

나: 아니요, **우유**가 없어요. **우유**를 사고 싶어요.

이것은 **우유**예요.
저는 **우유**를 마셔요.
의자 위에 **우유**가 있어요.

어휘 ① 쇼핑

주스

가: **주스**가 있어요?

나: 아니요, **주스**가 없어요.
주스를 시고 싶어요.

이것은 **주스**예요.
저는 **주스**를 마셔요.
가방 안에 **주스**가 있어요.

운동화

가: 무엇을 사요?

나: 저는 **운동화**를 사요.

이것은 **운동화**예요.
이것은 **운동화**가 아니에요.
책상 앞에 **운동화**가 있어요.

구두

가: 무엇을 사요?

나: 저는 **구두**를 사요.

이것은 **구두**예요.
이것은 **구두**가 아니에요.
책상 앞에 **구두**가 있어요.

옷

가: 무엇을 사요?

나: 가게에서 **옷**을 사요.

이것은 **옷**이에요.
이것은 **옷**이 아니에요.
침대 위에 **옷**이 있어요.

연습해 보세요

1.

이것은 _____ 이에요/예요.

2.

책상 앞에 _____ 이/가 있어요.

3.

가: 무엇을 사요?
나: 가게에서 _____ 을/를 사요.

친구와 이야기해 보세요

가: 가게에서 무엇을 사요?

나: _____.

어휘 ② 형용사

공부해 보세요

 크다　　 작다　　 많다

 적다　　 길다　　 짧다

 비싸다　 싸다　　 좋다

 싫다

크다

가: 운동화가 **커요**?

나: 네, 운동화가 **커요**.

가방이 **커요**.
가게가 **커요**.
저는 키가 **커요**.

작다

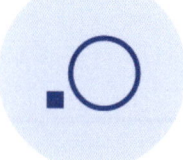

가: 구두가 **작아요**?

나: 네, 구두가 **작아요**.

가방이 **작아요**.
방이 **작아요**.
저는 키가 **작아요**.

많다

가: 교실에 학생이 **많아요**?

나: 네, **많아요**.

사과가 **많아요**.
사람이 **많아요**.
가게에 옷이 **많아요**.

적다

가: 교실에 학생이 **적어요**?

나: 네, **적어요**.

사과가 **적어요**.
사람이 **적어요**.
가게에 옷이 **적어요**.

길다

가: 치마가 **길어요**?

나: 네, 치마가 **길어요**.

연필이 **길어요**.
옷이 **길어요**.
머리가 **길어요**.

짧다

가: 치마가 **짧아요**?

나: 네, 치마가 **짧아요**.

연필이 **짧아요**.
시간이 **짧아요**.
머리가 **짧아요**.

어휘 ② 형용사

비싸다

가: 구두가 **비싸요**?

나: 네, 구두가 **비싸요**.

가방이 **비싸요**.
빵도 **비싸요**.
물하고 우유가 **비싸요**.

싸다

가: 구두가 **싸요**?

나: 네, 구두가 **싸요**.

가방이 **싸요**.
빵도 **싸요**.
물하고 우유가 **싸요**.

좋다

가: 우유가 **좋아요**?

나: 네, 우유가 **좋아요**.

선생님이 **좋아요**.
회사가 **좋아요**.
빵하고 오렌지가 **좋아요**.

싫다

가: 우유가 **싫어요**?

나: 네, 우유가 **싫어요**.

선생님이 **싫어요**.
공부가 **싫어요**.
빵하고 오렌지가 **싫어요**.

연습해 보세요

1.

 사과가 _____ 아/어요.

2.

 물하고 우유가 _____ 아/어요.

3.

가: 구두가 _____ 아/어요?
나: 네, 구두가 _____ 아/어요.

친구와 이야기해 보세요

      ?

가: (사과/빵/운동화/구두/…)이/가 어때요?

나: _____.

문법

도

명사에 붙어 어떤 대상이나 사태에 더함을 나타낸다.

받침 O / 받침 X	도	• 빵도 비싸요. • 물이 있어요. 주스도 있어요. • 구두가 많아요. 운동화도 많아요. • 저는 키가 커요. 동생도 키가 커요.

하고

명사에 붙어 여러 사물이나 사람을 연결함을 나타낸다.

받침 O / 받침 X	하고	• 물하고 우유가 싸요. • 빵하고 오렌지가 좋아요. • 책상하고 의자가 있어요. • 옷하고 구두를 사요.

-고 싶다

동사에 붙어 말하는 사람의 희망을 나타낸다.

받침 O / 받침 X	-고 싶다	• 집에 가고 싶어요. • 고기를 사고 싶어요. • 주스를 마시고 싶어요. • 사과하고 오렌지가 먹고 싶어요.

활동 : 물건 사기

점원과 손님이 되어서 사고 싶은 물건에 대해서 묻고 답하고,
그 물건이 어떤지 이야기해 보세요.

가: _____?

나: _____.

가: _____?

나: _____.

memo

연습 문제

※ [1~4] 그림을 보고 ☐ 에 알맞은 것을 고르십시오.

1.

가: 무엇을 사요?
나: _____ 을/를 사요.

① 빵　　　　　　② 옷
③ 고기　　　　　④ 우유

2.

가: 무엇을 사요?
나: _____ 을/를 사요.

① 주스　　　　　② 구두
③ 오렌지　　　　④ 운동화

3.

가: 사과가 어때요?
나: 사과가 _____ .

① 많아요　　　　② 짧아요
③ 작아요　　　　④ 싫어요

4.

가: 가방이 어때요?
나: 가방이 _____ .

① 싸요　　　　　② 커요
③ 길어요　　　　④ 좋아요

※ [5~7] ____에 들어갈 가장 알맞은 말을 고르십시오.

5.

주스를 마셔요. 물____ 마셔요.

① 은   ② 의
③ 이   ④ 도

6.

빵____ 우유를 먹어요.

① 부터   ② 으로
③ 하고   ④ 에서

7.

시계가 없어요. 시계를 ____.

① 사고 싶어요   ② 쓰고 싶어요
③ 듣고 싶어요   ④ 자고 싶어요

06
교통

학습 목표
○ 장소와 방향 관련 어휘를 사용하여 원하는 장소를 묻고 대답할 수 있다.

어휘
○ 교통수단
○ (교통수단) 형용사, 동사

문법
○ 에
○ (으)로
○ 안/ -지 않다

어휘 ① 교통수단

공부해 보세요

 자동차   자전거   버스

 지하철   택시   기차

 배   비행기   오토바이

 기차(역)   (버스)정류장   공항

 터미널   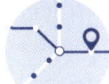 ~호선

자동차

가: 회사에 어떻게 와요?

나: **자동차**를 타고 와요.

자동차를 타고 싶어요.
자동차로 학교에 가요.
유라 씨는 **자동차**를 타요.

어휘 ① 교통수단

자전거

가: 공원에 어떻게 가요?
나: **자전거**를 타고 가요.

자전거를 타고 싶어요.
자전거로 은행에 가요.
루나 씨는 **자전거**를 타요.

버스

가: 은행에 어떻게 가요?
나: **버스**를 타세요.

10시에 **버스**를 타요.
버스로 커피숍에 가요.
알렉스 씨는 **버스**를 타요.

지하철

가: 우체국에 어떻게 가요?
나: **지하철**을 타세요.

지하철로 가세요.
8시에 **지하철**을 타요.
유라 씨는 **지하철**을 타요.

택시

가: 학교까지 어떻게 가요?
나: **택시**를 타세요.

택시로 식당에 가요.
11시에 **택시**를 타요.
뚜언 씨는 **택시**를 타요.

기차

가: 부산에 어떻게 가요?

나: **기차**로 가요.

6시에 **기차**를 타요.
기차로 서울에 가요.
링링 씨는 **기차**를 타요.

배

가: 제주도에 어떻게 가요?

나: **배**를 타고 가요.

3시에 **배**를 타요.
배로 제주도에 가요.
유라 씨는 **배**를 타요.

비행기

가: 고향에 어떻게 가요?

나: **비행기**를 타고 가요.

6시에 **비행기**를 타요.
비행기로 베트남에 가요.
제임스 씨는 **비행기**를 타요.

오토바이

가: 학교에 어떻게 가요?

나: **오토바이**로 가요.

오토바이로 타고 가세요.
오토바이를 타고 가세요.
알렉스 씨는 **오토바이**를 타요.

어휘 ① 교통수단

(기차)역

가: **지하철역**이 어디에 있어요?

나: 사거리에서 오른쪽으로 가세요.

지하철 역 앞에 있어요.
유라 씨는 **서울 역**에 가요.
2시에 **부산 역**에서 만나요.

버스(정류장)

가: **버스 정류장**이 어디에 있어요?

나: 우체국 앞에 있어요.

버스 정류장에서 만나요.
7시에 **버스 정류장**에 가요.
유라 씨는 **버스 정류장**에 가요.

공항

가: 버스를 타고 **공항**에 가요?

나: 아니요. 버스를 타지 않고 택시를 타고 가요.

저는 **공항**에 가요.
4시에 **공항**에 가요.
버스를 타고 **공항**에 가요.

터미널

가: 지하철을 타고 **터미널**에 가요?

나: 아니요. 버스로 가요.

저는 **터미널**에 가요.
11시에 **터미널**에 가요.
10번 버스를 타고 **터미널**로 가요.

~호선

가: 회사에 어떻게 와요?

나: 지하철 **1호선**을 타고 와요.

지하철 **1호선**에서 만나요.
저는 지하철 **2호선**을 타요.
저는 지하철 **1호선**으로 가요.

어휘 ① 교통수단

연습해 보세요

1.
   3시에 _____ 를 타요.

2.
   저는 학교까지 _____ (으)로 가요.

3.
   가: 유라 씨 서울까지 어떻게 가요?
   나: 저는 _____ (으)로 가요.

친구와 이야기해 보세요

가: (회사/가게/집/…)에 무엇을 타고 가요?

나: _____.

어휘 ② (교통수단) 동사/형용사

공부해 보세요

 빠르다   느리다   걸리다

 타다   내리다   갈아타다

빠르다

가: 터미널까지 어떻게 가요?

나: 지하철이 **빨라서** 지하철을 타요.

비행기가 **빨라요**.
저는 말이 **빨라요**.
오른쪽으로 가면 **빨라요**.

느리다

가: 버스를 타요?

나: 버스는 **느려서** 지하철을 타요.

노래가 **느려요**.
자전거가 **느려요**.
저는 말이 **느려요**.

어휘 ② (교통수단) 동사/형용사

걸리다

가: 집에서 학교까지 얼마나 **걸려요**?

나: 10분 정도 **걸려요**.

시간이 많이 **걸려요**.
걸어서 10분 **걸려요**.
비행기로 2시간 정도 **걸려요**.

타다

가: 고향까지 무엇을 **타고** 가요?

나: 저는 배를 **타요**.

비행기를 **타요**.
지하철 1호선을 **타세요**.
은행까지 버스를 **타세요**.

내리다

가: 어디에서 **내려요**?

나: 저는 다음 정류장에서 **내려요**.

빨리 **내리세요**.
택시에서 **내려요**.
우체국 앞에서 버스를 **내리세요**.

갈아타다

가: 어디에서 **갈아타요**?

나: 다음 역에서 **갈아타요**.

버스를 **갈아타요**.
다른 차로 **갈아타세요**.
버스에서 지하철로 **갈아타요**.

연습해 보세요

1.

 버스 보다 _____ 이 더 빨라요.

2.

 서울 역에서 _____.

3.

 가: 학교까지 어떻게 가요?
나: 버스를 _____ 고 가요.

친구와 이야기해 보세요

가: OO에서 OO까지 어떻게 가요?

나: _____.

문법

에

명사에 붙어서 어떤 동작이나 행위와 상태가 일어나는 시간, 때를 나타낼 때 사용한다.

받침 O 받침 X	에	• 2시에 지하철을 타고 가요. • 한 시에 은행에 가요. • 일요일에 커피숍에 가요. • 오늘 부산에 가요.

(으)로

명사에 붙어 어떤 행위의 도구 또는 수단을 나타낼 때 사용한다.

받침 O	으로	• 2시에 버스 정류장으로 가요. • 은행으로 가려면 택시를 타요.
받침 X ㄹ 받침	로	• 학교에 지하철로 가요. • 서울에 비행기로 가요.

안/-지 않다

동사 또는 형용사에 붙어 어떤 행위 및 상태를 부정 또는 행위를 할 의지가 없음을 나타낼 때 사용한다.

받침 O 받침 X	안 -지 않다	• 서울에 안 가요. • 학교는 안 멀어요. • 버스는 빠르지 않아요. • 이번 역에서 내리지 않아요.

활동 : 가고 싶은 곳 이야기하기

친구와 함께 가고 싶은 곳을 물어보고, 무엇을 타고 가고 싶은 지 그리고 그 이유에 대해서 이야기해 보세요.

가: _____?

나: _____.

가: _____?

나: _____.

memo

 **연습 문제**

※ [1~4] 그림을 보고 [   ]에 알맞은 것을 고르십시오.

1.

가: 무엇을 타요?
나: [   ]을/를 타요.

① 버스 ② 기차
③ 자전거 ④ 비행기

2.

가: 무엇을 타요?
나: [   ]을/를 타요.

① 배 ② 택시
③ 지하철 ④ 오토바이

3.

가: 무엇을 타고 가요?
나: [   ](으)로 가요.

① 기차 ② 버스
③ 지하철 ④ 자동차

4.
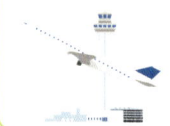
가: 어디에 가요?
나: [   ]에 가요.

① 역 ② 공항
③ 터미널 ④ 버스 정류장

※ [5~7] 에 들어갈 가장 알맞은 말을 고르십시오.

5.

저는 학교에 1시 　　　 도착해요.

① 는　　　　② 의
③ 에　　　　④ 가

6.

공원 앞에서 버스 　　　 갈아타요.

① 도　　　　② 로
③ 하고　　　④ 까지

7.

집까지 지하철로 20분이 　　　 .

① 걸려요　　② 있어요
③ 내려요　　④ 느려요

07
가족

학습 목표
- 자신의 가족과 가족의 외모를 소개할 수 있다.

어휘
- 가족
- 외모 형용사

문법
- -고
- -지만
- -(으)시-

어휘 ① 가족

> 공부해 보세요

 가족   할아버지   할머니

 아버지   어머니   누나/언니

 형/오빠   동생   아들

 딸   아내   남편

가족

가: 누가 유라 씨의 **가족**이에요?

나: 저기 식당 앞에 있는 사람이에요.

우리 **가족**이에요.
여기에 **가족**이 있어요.
우리 **가족**은 한국에 있어요.

할아버지

가: **할아버지**께서 무엇을 하세요?

나: 집에서 책을 읽으세요.

이 분은 우리 **할아버지**예요.
할아버지는 경주에 계세요.
할아버지께서 주무세요.

어휘 ① 가족

할머니

가: **할머니**께서 무엇을 하세요?

나: 집에서 청소하세요.

이 분은 우리 **할머니**예요.
할머니는 댁에 계세요.
할머니께서 주무세요.

아버지

가: 이 분이 프엉 씨 **아버지**예요?

나: 네, 맞아요.

이 분은 저희 **아버지**예요.
아버지는 영화를 좋아하세요.
아버지는 잘생기고 멋있어요.

어머니

가: 이 분이 유라 씨의 **어머니**예요?

나: 네, 맞아요.

이 분은 저희 **어머니**예요.
어머니는 커피를 좋아하세요.
어머니는 예쁘고 날씬해요.

언니

가: 저 분이 지영 씨의 **언니**예요?

나: 네, 맞아요.

이 사람이 저희 **언니**예요.
언니는 음악을 자주 들어요.
언니는 키가 작고 귀여워요.

누나

가: 저 분이 남준 씨의 **누나**예요?

나: 네, 맞아요.

이 사람이 저희 **누나**예요.
누나는 책을 자주 읽어요.
누나는 키가 크고 예뻐요.

오빠

가: 이 사람이 지영 씨의 **오빠**예요?

나: 네, 맞아요.

이 사람은 저의 **오빠**예요.
오빠는 요리를 잘해요.
오빠는 키가 크고 멋있어요.

형

가: 이 사람이 석진 씨의 **형**이에요?

나: 네, 맞아요.

이 사람은 저의 **형**이에요.
형은 축구를 잘해요.
형은 조금 뚱뚱하지만 귀여워요.

동생

가: **동생**이 어디 있어요?

나: 교실에 있어요.

이 사람은 저의 **동생**이에요.
동생은 가수예요.
동생은 귀엽고 날씬해요.

어휘 ❶ 가족

아들

가: 이 사람이 피터 씨 **아들**이에요?

나: 네, 맞아요.

아들이 학교에 있어요.
아들이 의사예요.
아들이 잘생기고 멋있어요.

딸

가: 이 사람이 혜린 씨 **딸**이에요?

나: 네, 맞아요.

딸이 학교에 있어요.
딸이 의사예요.
딸이 키가 크고 예뻐요.

아내

가: 이 사람이 브룩 씨 **아내**예요?

나: 네, 맞아요.

이 사람이 저의 **아내**예요.
저의 **아내**는 주부예요.
아내가 집에 있어요.

남편

가: 이 사람이 유키 씨 **남편**이에요?

나: 네, 맞아요.

이 사람이 저의 **남편**이에요.
저의 **남편**은 회사원이에요.
남편이 집에 있어요.

연습해 보세요

1.

이 분은 우리 _____ 이에요/예요.

2.

_____ 이/가 있어요.

3.

가: 이 사람이 지영 씨의 _____ 이에요/예요?
나: 네, 맞아요.

친구와 이야기해 보세요

가: 가족이 몇 명이에요? 누가 있어요?

나: _____.

공부해 보세요

 예쁘다　　 귀엽다　　 멋있다

 잘생기다　　 날씬하다　　 뚱뚱하다

 키가 크다　　 키가 작다

예쁘다

가: 구두가 너무 **예뻐요**.

나: 고마워요.

이 옷이 **예뻐요**.
지현 씨가 **예뻐요**.
동생이 **예쁘고** 귀여워요.

귀엽다

가: 제니 씨 너무 **귀여워요**.

나: 고마워요.

이 가방이 **귀여워요**.
윤아 씨가 **귀여워요**.
동생이 예쁘고 **귀여워요**.

멋있다

가: 오늘 너무 **멋있어요**.

나: 고마워요.

구두가 **멋있어요**.
태형 씨가 **멋있어요**.
오빠가 잘생기고 **멋있어요**.

잘생기다

가: 오늘 너무 **잘생겼어요**.

나: 고마워요.

투투 씨가 **잘생겼어요**.
그 가수가 **잘생겼어요**.
오빠가 **잘생기고** 멋있어요.

날씬하다

가: 어머니가 **날씬해요**?

나: 네, **날씬해요**.

친구가 **날씬해요**.
그 가수가 **날씬해요**.
언니가 **날씬하고** 예뻐요.

뚱뚱하다

가. 이머니가 날씬해요?

나: 아니요, 조금 **뚱뚱해요**.

저는 조금 **뚱뚱해요**.
제 친구는 조금 **뚱뚱해요**.
아버지는 조금 **뚱뚱하고** 키가 작아요.

어휘 ② 형용사

키가 크다

가: 동생이 **키가 커요**?

나: 네, **키가 커요**.

저는 **키가 커요**.
그 가수는 **키가 커요**.
형은 **키가 크고** 멋있어요.

키가 작다

가: 언니가 **키가 작아요**?

나: 네, **키가 작아요**.

저는 **키가 작아요**.
그 선생님은 **키가 작아요**.
동생은 **키가 작고** 귀여워요.

연습해 보세요

1.

지현 씨가 　　　　 아/어요.

2.

오빠가 　　　　 고 　　　　 아/어요.

3.

가: 언니가 　　　　 아/어요?
나: 네, 　　　　 아/어요.

친구와 이야기해 보세요

가: OO씨 (아버지/어머니/동생/…)의 외모가 어때요?

나: _____.

문법

고

동사나 형용사, '이다', '아니다'에 붙어 나열을 나타낸다.

받침 O 받침 X	고	• 언니는 키가 작고 귀여워요. • 형은 키가 크고 멋있어요. • 아버지는 조금 뚱뚱하고 키가 작아요. • 저는 밥을 먹고 친구는 빵을 먹어요.

지만

동사나 형용사, '이다', '아니다'에 붙어 반대를 나타낸다.

받침 O 받침 X	지만	• 아버지는 키가 작지만 어머니는 키가 커요. • 언니는 날씬하지만 저는 뚱뚱해요. • 저는 밥을 먹지만 친구는 밥을 안 먹어요. • 저는 사과를 좋아하지만 언니는 사과를 싫어해요.

-(으)시-

동사나 형용사, '이다', '아니다'에 붙어 문장 내 주어의 행위나 상태의 존대를 나타냄.

받침 O	-으시-	• 할아버지께서 책을 읽으세요. • 아버지가 의자에 앉으세요.
받침 X	-시-	• 할머니께서 집에서 청소하세요. • 어머니가 택시를 타세요.

활동 : 가족 소개하기

자신의 가족을 소개해 보세요.

가: _____?

나: _____.

가: _____?

나: _____.

memo

_____

_____

_____

_____

_____

_____

 **연습 문제**

※ [1~4] 그림을 보고 _____ 에 알맞은 것을 고르십시오.

1.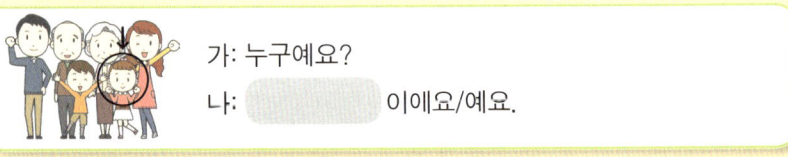
가: 누구예요?
나: _____ 이이요/예요.

① 언니　　　　　② 오빠
③ 동생　　　　　④ 아들

2.
가: 누구예요?
나: _____ 이에요/예요.

① 누나　　　　　② 어머니
③ 아버지　　　　④ 할아버지

3.
가: 누구예요?
나: _____ 이에요/예요.

① 딸　　　　　　② 아내
③ 남편　　　　　④ 할머니

4.
가: 언니는 어때요?
나: 우리 언니는 _____.

① 예뻐요　　　　② 잘생겼어요
③ 키가 작아요　　④ 머리가 짧아요.

※ [5~7] 　　 에 들어갈 가장 알맞은 말을 고르십시오.

5.

형은 　　　 키가 커요.

① 멋있고　　　　　② 멋있는
③ 멋있어서　　　　④ 멋있지만

6.

저는 　　　 동생은 날씬해요.

① 뚱뚱해서　　　　② 뚱뚱하면
③ 뚱뚱하거나　　　④ 뚱뚱하지만

7.

할머니께서 집에서 텔레비전을 　　　 .

① 보세요　　　　　② 사세요
③ 주세요　　　　　④ 오세요

08
외모

학습 목표
- 신체와 옷 관련 어휘를 사용하여 외모나 옷에 대해 설명할 수 있다.

어휘
- 신체
- 옷

문법
- 처럼
- 보다
- -고 있다

어휘 ① 신체

공부해 보세요

 머리   얼굴   눈

 코   입   귀

 목  어깨   손

 팔   다리 발

머리

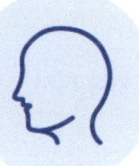

가: 어디 아파요?

나: **머리**가 좀 아파요.

머리에는 눈, 코, 입이 있어요.
머리가 예뻐요.
윤아 씨는 **머리**가 길어요.

얼굴

가: 제인 씨 **얼굴**이 어때요?

나: 눈이 크고 멋있어요.

얼굴이 작아요.
저는 **얼굴**이 예뻐요.
유라 씨는 **얼굴**이 작아요.

어휘 ❶ 신체

눈

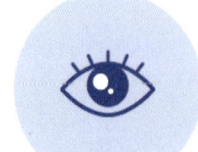

가: 누가 **눈**이 더 커요?

나: 저보다 제임스 씨가 **눈**이 더 커요.

눈이 작지만 귀여워요.
저는 **눈**이 크고 예뻐요.
링링 씨는 **눈**이 멋있어요.

코

가: 누구의 **코**예요?

나: 뚜언 씨의 **코**예요.

저는 **코**가 높고 예뻐요.
띠엔 씨의 **코**가 높아요.
제 눈은 크지만 **코**는 낮아요.

입

가: 누가 **입**이 작아요?

나: 루나의 **입**이 작아요.

저는 **입**이 예뻐요.
지나 씨보다 **입**이 커요.
유라 씨는 저처럼 **입**이 작아요.

귀

가: 누가 **귀**가 커요?

나: 유라 씨의 **귀**가 커요.

저는 **귀**가 커요.
유진 씨의 **귀**가 작아요.
저는 지엔 씨보다 **귀**가 커요.

목

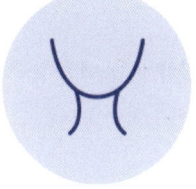

가: 누가 **목**이 길어요?

나: 유진이 **목**이 길어요.

저는 **목**이 짧아요.
저는 친구보다 **목**이 길어요.
민지 씨는 **목**과 팔이 길어요.

어깨

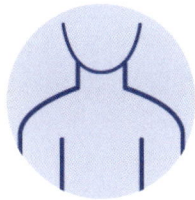

가: 누구의 **어깨**가 넓어요?

나: 뚜언 씨의 **어깨**가 넓어요.

저는 **어깨**가 넓어요.
어깨가 좁지만 잘생겼어요.
마크 씨는 키가 크고 **어깨**가 넓어요.

손

가: 누구의 **손**이 커요?

나: 글로리아 씨의 **손**이 커요.

저는 **손**이 예뻐요.
저는 친구보다 **손**이 작아요.
영훈 씨는 **손**이 작고 귀여워요.

팔

가: 누가 **팔**이 길어요?

나: 제임스의 **팔**이 길어요.

저는 **팔**이 짧아요.
저는 아버지처럼 **팔**이 길어요.
잭슨 씨는 **팔**이 길고 멋있어요.

어휘 ❶ 신체

다리

가: 누가 **다리**가 길어요?

나: 링링의 **다리**기 길이요.

저는 **다리**가 짧아요.
저는 어머니처럼 **다리**가 길어요.
잭슨 씨는 **다리**가 길고 멋있어요.

발

가: 누가 **발**이 작아요?

나: 루나가 **발**이 작아요.

저는 **발**이 작아요.
저는 언니처럼 **발**이 커요.
뚜언 씨는 **발**이 크고 멋있어요.

연습해 보세요

1.

 루나 씨의 _____ 이/가 작아요.

2.

 저보다 아버지의 _____ 이/가 길어요.

3.

 가: 누가 팔이 길어요?
나: 유진 씨의 _____ 이/가 길어요.

친구와 이야기해 보세요

가: 누구의 손(발/눈/귀/…)이 가장 커요?

나: _____.

어휘 2 옷

공부해 보세요

 모자　　 원피스　　 양복

 티셔츠　　 블라우스　　 와이셔츠

 치마　　 바지　　 양말

모자

가: 누가 지영 씨예요?
나: 지영 씨는 **모자**를 쓰고 있어요.

모자를 써요.
모자가 있어요.
모자를 한 개 사고 싶어요.

원피스

가: 누가 **원피스**를 입고 있어요?
나: 유라 씨가 **원피스**를 입고 있어요.

원피스가 있어요.
원피스를 입어요.
원피스를 한 벌 사요.

양복

가: 누가 **양복**을 입고 있어요?
나: 알렉스 씨가 **양복**을 입고 있어요.

양복이 있어요.
양복을 입어요.
양복을 한 벌 사요.

티셔츠

가: 누가 **티셔츠**를 입고 있어요?
나: 티엔 씨가 **티셔츠**를 입고 있어요.

티셔츠가 있어요.
티셔츠를 입어요.
티셔츠를 한 장 사요.

블라우스

가: 누가 **블라우스**를 입고 있어요?
나: 글로리아 씨가 **블라우스**를 입고 있어요.

블라우스를 입어요.
블라우스가 있어요.
블라우스를 사고 싶어요.

와이셔츠

가: 누가 **와이셔츠**를 입고 있어요?
나: 뚜언 씨가 **와이셔츠**를 입고 있어요.

와이셔츠를 입어요.
와이셔츠가 있어요.
와이셔츠보다 티셔츠가 좋아요.

어휘 ② 옷

치마

가: 누가 **치마**를 입고 있어요?

나: 유라 씨가 **치마**를 입고 있어요.

치마가 있어요.
치마를 입어요.
치마보다 바지가 좋아요.

바지

가: 누가 **바지**를 입고 있어요?

나: 우진 씨가 **바지**를 입고 있어요.

바지가 있어요.
바지를 입어요.
바지를 사고 싶어요.

양말

가: 누가 **양말**을 안 신고 있어요?

나: 수진 씨가 **양말**을 안 신고 있어요.

양말이 있어요.
양말을 신어요.
양말을 신고 있어요.

연습해 보세요

1.

바지보다 _____ 이/가 더 좋아요.

2.

와이셔츠보다 _____ 이/가 좋아요.

3.

가: 무엇을 입고 있어요?
나: 저는 _____ 을/를 입고 있어요.

친구와 이야기해 보세요

가: 지금 무엇을 입고 있어요?

나: _____.

문법

처럼

명사에 붙어 어떤 명사에 빗대 그 상태나 행동이 서로 비슷하거나 같음을 나타낸다.

받침 O 받침 X	처럼	· 동생처럼 키가 커요. · 한국 사람처럼 말을 잘해요. · 이 구두는 운동화처럼 편해요. · 저는 아버지처럼 키가 커요.

보다

명사에 붙어 앞말이 비교의 대상임을 나타낼 때 사용한다.

받침 O 받침 X	보다	· 동생보다 코가 커요. · 우체국보다 은행이 더 가까워요. · 엄마보다 여동생이 팔이 길어요. · 와이셔츠보다 티셔츠가 좋아요.

-고 있다

'입다, 신다' 등의 동사에 붙어 동작이 끝난 후, 그 결과가 지속되는 상태를 나타내며 주로 인물, 상황을 묘사할 때 사용한다.

받침 O 받침 X	-고 있다	· 지금 바지를 입고 있다. · 글로리아 씨는 신발을 신고 있다. · 제임스 씨는 안경을 쓰고 있다. · 지금 학교에 가고 있다.

활동 : 친구의 모습 이야기하기

친구와 함께 서로의 외모와 지금 입고 있는 옷에 대해 이야기해 보세요.

가: _____?

나: _____.

가: _____?

나: _____.

memo

_____

_____

_____

_____

_____

 **연습 문제**

※ [1~4] 그림을 보고 ▢ 에 알맞은 것을 고르십시오.

1. 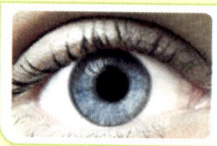 ▢ 이/가 커요.

① 눈　　② 코
③ 입　　④ 귀

2.  ▢ 이/가 길어요.

① 팔　　② 목
③ 다리　　④ 어깨

3.  가: 무엇을 입어요?
나: ▢ 을/를 입어요.

① 구두　　② 양복
③ 청바지　　④ 원피스

4.  가: 무엇을 입어요?
나: ▢ 을/를 입어요.

① 치마　　② 양말
③ 와이셔츠　　④ 블라우스

※ [5~7] ⬚에 들어갈 가장 알맞은 말을 고르십시오.

5.

제 친구는 나 ⬚ 팔이 길어요.

① 보다   ② 지만
③ 으로   ④ 부터

6.

제 동생은 저 ⬚ 키가 커요.

① 까지   ② 에서
③ 처럼   ④ 하고

7.

마이클 씨가 지금 모자를 ⬚.

① 쓰고 있어요   ② 신고 있어요
③ 입고 있어요   ④ 메고 있어요

09
주말

학습 목표
- 주말 활동에 대해서 이야기할 수 있다.

어휘
- 날짜
- 요일
- 시간
- 취미 표현

문법
- -(으)러 가다
- -았/었/였-
- -(으)ㄹ 거예요

어휘 ① 날짜, 요일, 시간

공부해 보세요

 작년   올해   내년

 지난달   이번 달   다음 달

 지난주   이번 주   다음 주

 요일   어제   오늘

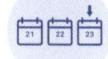 내일   평일   주말

작년

가: 언제 한국에 왔어요?

나: **작년**에 한국에 왔어요.

작년에 한국에 왔어요.
작년에 한국을 여행했어요.
작년부터 한국어를 공부했어요.

123

어휘 ① 날짜, 요일, 시간

올해

가: **올해**는 무엇을 하고 싶어요?

나: 열심히 운동을 할 거예요.

저는 **올해** 25살이에요.
올해는 한국어를 공부하고 싶어요.
올해는 경주에 여행을 갈 거예요.

내년

가: **내년**에 뭐 하고 싶어요?

나: 세계 여행을 하고 싶어요.

우리 **내년**에 만나요.
내년에 고향에 갈 거예요.
내년에 영어 공부를 하고 싶어요.

지난달

가: 언제 한국에 왔어요?

나: **지난달**에 한국에 왔어요.

지난달에 한국에 왔어요.
지난달에 한국을 여행했어요.
지난달부터 한국어를 공부했어요.

이번 달

가: **이번 달**에 무엇을 하고 싶어요?

나: 운동을 하고 싶어요.

이번 달에는 시간이 없어요.
이번 달에 한국어를 공부하고 싶어요.
이번 달에 경주에 여행을 갈 거예요.

다음 달

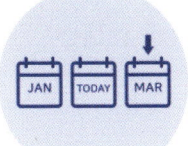

가: **다음 달**에 뭐 하고 싶어요?

나: 부산에 여행을 가고 싶어요.

우리 **다음 달**에 만나요.
다음 달에 고향에 갈 거예요.
다음 달에 영어를 공부하고 싶어요.

지난주

가: 언제 한국에 왔어요?

나: **지난주**에 한국에 왔어요.

지난주에 한국에 왔어요.
지난주에 한국을 여행했어요.
지난주부터 한국어를 공부했어요.

이번 주

가: **이번 주**에 바빠요?

나: 네, 시험이 있어요.

이번 주에는 시간이 있어요.
이번 주에 한국어를 공부하고 싶어요.
이번 주에 경주에 여행을 갈 거예요.

다음 주

가: **다음 주**에 뭐 하고 싶어요?

나: 부산에 여행을 가고 싶어요.

우리 **다음 주**에 만나요.
다음 주에 고향에 갈 거예요.
다음 주에 영어를 공부하고 싶어요.

어휘 ① 날짜, 요일, 시간

요일
(월,화,수,목,금,토)

가: **일요일**에 뭐 할 거예요?

나: 집에서 청소를 할 거예요.

월요일에 학교에 가요.
금요일에 커피숍에서 친구를 만나요.
토요일에 집에서 쉬고 싶어요.

어제

가: **어제** 뭐 했어요?

나: 저는 **어제** 집에서 청소했어요.

어제 낚시를 했어요.
어제 학교에 안 갔어요.
어제 친구하고 도서관에서 공부했어요.

오늘

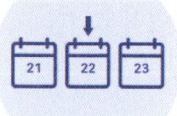

가: **오늘** 뭐 할 거예요?

나: 친구하고 같이 쇼핑을 할 거예요.

저는 **오늘** 등산을 해요.
저는 **오늘** 영화를 보고 싶어요.
저는 **오늘** 집에서 쉴 거예요.

내일

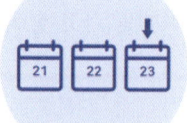

가: **내일** 뭐 할 거예요?

나: 쇼핑하러 백화점에 갈 거예요.

저는 **내일** 부산에 갈 거예요.
저는 **내일** 집에서 쉴 거예요.
저는 **내일** 영화관에서 영화를 볼 거예요.

평일

가: **평일**에는 뭐 해요?

나: **평일**에는 회사에 가요.

평일에는 학교에 가요.
평일에는 시간이 없어요.
평일에는 보통 집에 있어요.

주말

가: **주말**에 뭐 할 거예요?

나: 저는 집에서 청소를 할 거예요.

저는 지난 **주말**에 등산을 했어요.
저는 **주말**에 집에서 쉬어요.
저는 이번 **주말**에 영화를 볼 거예요.

어휘 ① 날짜, 요일, 시간

연습해 보세요

1.

_____ 에 한국에 왔어요.

2.

_____ 에 고향에 갈 거예요.

3.

가 : _____ 에 뭐 할 거예요?
나 : 저는 집에서 청소를 할 거예요.

친구와 이야기해 보세요

가 : (지난주/오늘/다음 주/평일/…)에 (뭐 했어요?/뭐 해요/뭐 할 거예요)?

나 : _____.

어휘 ❷ 취미

공부해 보세요

 등산을 하다　　 영화를 보다　　 음악을 듣다

 낚시를 하다　　 쇼핑을 하다

등산을 하다

가: 내일 뭐 할 거예요?

나: 저는 내일 **등산을 할 거예요**.

저는 어제 **등산을 했어요**.
저는 오늘 **등산을 해요**.
저는 **등산을 하고 싶어요**.

영화를 보다

가: 주말에 뭐 할 거예요?

나: 저는 주말에 **영화를 볼 거예요**.

저는 어제 **영화를 봤어요**.
저는 오늘 **영화를 봐요**.
저는 **영화를 보고 싶어요**.

어휘 ❷ 취미

음악을 듣다

가: 주말에 보통 뭐 해요?

나: 저는 집에서 **음악을 들어요**.

저는 어제 **음악을 들었어요**.
저는 오늘 **음악을 들어요**.
저는 **음악을 듣고 싶어요**.

낚시를 하다

가: 토요일에 뭐 할 거예요?

나: **낚시를 하러** 갈 거예요.

저는 어제 **낚시를 했어요**.
저는 오늘 **낚시를 해요**.
저는 **낚시를 하고 싶어요**.

쇼핑을 하다

가: 일요일에 뭐 할 거예요?

나: **쇼핑을 할 거예요**.

저는 어제 **쇼핑을 했어요**.
저는 오늘 **쇼핑을 해요**.
저는 **쇼핑을 하고 싶어요**.

연습해 보세요

1.

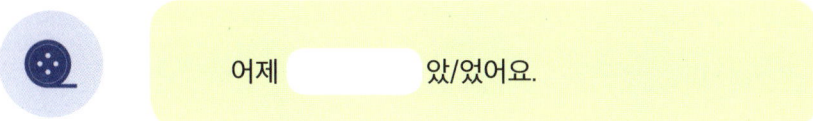

어제 _____ 았/었어요.

2.

저는 _____ 고 싶어요.

3.

가: 내일 뭐 할 거예요?
나: 저는 내일 _____ (으)ㄹ 거예요.

친구와 이야기해 보세요

가: (내일/다음 주/주말/…)에 뭐 할 거예요?

나: _____.

문법

-(으)러 가다

동사에 붙어 이동의 목적을 나타낸다.

받침 O	-으러	• 오늘 책을 읽으러 가요. • 동생하고 밥을 먹으러 가요.
받침 X	-러	• 친구하고 쇼핑을 하러 가요. • 다음 주에 등산을 하러 가요.

-았/었/였-

동사나 형용사 '이다', '아니다'에 붙어 상황이나 사건이 과거에 일어났음을 나타낸다.

'ㅏ, ㅗ' O	-았-	• 지난주에 한국에 왔어요. • 저는 어제 영화를 봤어요.
'ㅏ, ㅗ' X	-었-	• 저는 어제 친구와 밥을 먹었어요. • 토요일에 집에서 쉬었어요.
-하다	-였-	• 저는 어제 쇼핑을 했어요. • 저는 지난 주말에 등산을 했어요.

-(으)ㄹ 거예요

동사나 형용사 '이다', '아니다'에 붙어 미래에 할 행동이나 일어날 상황이나 사건을 나타낸다.

받침 O	-을 거예요	• 한국어 책을 읽을 거예요. • 한국 음식을 먹을 거예요.
받침 X ㄹ 받침	-ㄹ 거예요	• 저는 내일 영화를 볼 거예요. • 다음 달에 고향에 갈 거예요.

활동 : 주말 활동에 대해 이야기하기

주말에 무엇을 했어요? / 주말에 무엇을 할 거예요?

가: _____?

나: _____.

가: _____?

나: _____.

memo

 **연습 문제**

※ [1~4] 그림을 보고 ◯◯에 알맞은 것을 고르십시오.

1.

2018년	2019년	2020년
◯◯	올해	

① 작년   ② 내년
③ 이번 주   ④ 다음 주

2.

일요일	월요일	화요일	수요일	목요일	금요일	토요일
1	2	3	4 TODAY	5	6	7
8	9	10	11	12	13	14

① 어제   ② 내일
③ 오늘   ④ 주말

3.

일요일	월요일	화요일	수요일	목요일	◯◯	토요일
1	2	3	4	5	6	7

① 월요일   ② 수요일
③ 목요일   ④ 금요일

4.

가: 주말에 뭐 할 거예요?

나: 저는 _____.

① 밥을 먹을 거예요
② 책을 읽을 거예요
③ 쇼핑을 할 거예요
④ 낚시를 할 거예요

※ [5~6] 무엇에 대한 이야기입니까?

5.

오늘은 6월 13일이고 내일은 14일이에요.

① 날짜
② 요일
③ 이름
④ 나라

6.

토요일과 일요일은 학교에 안 가요.

① 주말
② 평일
③ 운동
④ 직업

※ [7] _____ 에 들어갈 가장 알맞은 말을 고르십시오.

7.

저는 토요일에 친구들과 같이 등산을 _____.

① 할 거예요
② 쉴 거예요
③ 먹을 거예요
④ 읽을 거예요.

10
음식

학습 목표
○ 음식과 맛 관련 어휘를 사용하여 음식을 제안하는 말을 할 수 있다.

어휘
○ 음식

○ 맛

문법
○ -(으)ㄹ까요?

○ -아/어/여 보다

○ -(으)ㄴ/는

어휘 ① 음식

공부해 보세요

 비빔밥   불고기   김치찌개

 된장찌개   김밥   떡볶이

 튀김   냉면   라면

 돈가스   우동   스파게티

비빔밥

가: 뭐 먹을까요?

나: **비빔밥** 어때요?

비빔밥이 맛있어요.
비빔밥이 먹고 싶어요.
비빔밥을 먹어 보세요.

불고기

가: 뭐 먹을까요?

나: **불고기** 어때요?

불고기가 맛있어요.
불고기가 먹고 싶어요.
불고기를 먹어 보세요.

어휘 ❶ 음식

김치찌개

가: 뭐 먹을까요?

나: **김치찌개** 어때요?

김치찌개가 맛있어요.
김치찌개를 먹어 보세요.
김치찌개를 먹어 보세요.

된장찌개

가: 뭐 먹을까요?

나: **된장찌개** 어때요?

된장찌개가 맛있어요.
된장찌개가 먹고 싶어요.
된장찌개를 먹어 보세요.

김밥

가: 뭐 먹을까요?

나: **김밥** 어때요?

김밥이 맛있어요.
김밥이 먹고 싶어요.
김밥을 먹어 보세요.

떡볶이

가: 뭐 먹을까요?

나: **떡볶이** 어때요?

떡볶이가 맛있어요.
떡볶이를 먹어 보세요.
떡볶이가 먹고 싶어요.

튀김

가: 뭐 먹을까요?

나: **튀김** 어때요?

튀김이 맛있어요.
튀김을 먹어 보세요.
튀김이 먹고 싶어요.

냉면

가: 뭐 먹을까요?

나: **냉면** 어때요?

냉면이 맛있어요.
냉면을 먹어 보세요.
냉면이 먹고 싶어요.

라면

가: 뭐 먹을까요?

나: **라면** 어때요?

라면이 맛있어요.
라면을 먹어 보세요.
라면이 먹고 싶어요.

돈가스

가: 뭐 먹을까요?

나: **돈가스** 어때요?

돈가스가 맛있어요.
돈가스를 먹어 보세요.
돈가스가 먹고 싶어요.

어휘 ① 음식

우동

가: 뭐 먹을까요?

나: **우동** 어때요?

우동이 맛있어요.
우동을 먹어 보세요.
우동이 먹고 싶어요.

스파게티

가: 뭐 먹을까요?

나: **스파게티** 어때요?

스파게티가 맛있어요.
스파게티를 먹어 보세요.
스파게티가 먹고 싶어요.

연습해 보세요

1.

오늘은 _____ 을/를 먹어 보세요.

2.

맛있는 _____ 을/를 먹을까요?

3.

가: 점심에 무엇을 먹을까요?

나: _____ 을/를 먹어요.

친구와 이야기해 보세요

가: 무슨 음식을 좋아해요?

나: _____.

어휘 ❷ 맛

공부해 보세요

 맛있다　　 맛없다　　 달다

 짜다　　 시다　　 맵다

 쓰다　　 싱겁다

맛있다

가: 돈가스가 어땠어요?

나: 아주 **맛있었어요**.

떡볶이가 **맛있어요**.
이 음식이 달고 **맛있어요**.
맛있는 불고기가 먹고 싶어요.

맛없다

가: 그 식당 음식이 어땠어요?

나: 조금 **맛없었어요**.

이 음식은 **맛없어요**.
스파게티가 **맛없어요**.
맛없는 음식은 안 먹고 싶어요.

달다

가: 불고기 맛이 어때요?

나: 조금 **달아요**.

사탕이 **달아요**.
초콜릿이 **달고** 맛있어요.
단 커피가 마시고 싶어요.

짜다

가: 김치찌개 맛이 어때요?

나: 조금 **짜요**.

소금이 **짜요**.
짠 음식을 먹었어요.
이 음식은 조금 **짜지만** 맛있어요.

시다

가: 이 차는 맛이 어때요?

나: 조금 **셔요**.

레몬이 **셔요**.
신 음식을 먹었어요.
이 음식은 조금 **시지만** 맛있어요.

맵다

가: 비빔밥은 맛이 어때요?

나: 조금 **매워요**.

김치가 **매워요**.
매운 음식을 먹었어요.
이 음식은 조금 **맵지만** 맛있어요.

어휘 ② 맛

쓰다

가: 이 음식 맛이 어때요?

나: 소금 **써요**.

약이 **써요**.
쓴 커피를 마셨어요.
이 음식은 조금 **쓰지만** 맛있어요.

싱겁다

가: 이 음식 맛이 어때요?

나: 조금 **싱거워요**.

라면이 **싱거워요**.
싱거운 음식을 먹었어요.
이 음식은 조금 **싱겁지만** 맛있어요.

연습해 보세요

1.

돈가스보다 스파게티가 더 _____ 아/어요.

2.

_____ (으)ㄴ/는 떡볶이를 먹을까요?

3.

가: 김치찌개 맛이 어때요?
나: 조금 _____ 아/어요.

친구와 이야기해 보세요

가: (김치찌개/라면/비빔밥/…)은/는 무슨 맛이에요?

나: _____.

문법

-(으)ㄹ까요?

동사에 붙어 듣는 사람에게 앞으로 할 일을 제안하고 듣는 사람의 의견이나 생각을 물어볼 때 사용한다.

받침 O	-을까	• 냉면을 먹을까요? • 양복을 입을까요?
받침 X ㄹ 받침	-ㄹ까	• 택시를 탈까요? • 2시에 만날까요?

-아/어/여 보다

동사에 붙어 과거에 경험하지 않은 행동을 시도함을 나타내며 주로 권유나 조언하는 말을 할 때 사용한다.

'ㅏ, ㅗ' O	-아 보다	• 식당으로 가 보세요. • 서울에서 살아보세요.
'ㅏ, ㅗ' X	-어 보다	• 우동을 먹어보세요. • 이 노래를 들어보세요.
-하다	-여 보다	• 요리를 해보세요. • 한국 사람과 이야기해보세요.

-(으)ㄴ/는

동사, 형용사 '이다', '아니다'에 붙어 명사를 수식하게 하고 사람이나 사물의 현재 상태를 나타낸다.

동사	받침 O 받침 X	-는	• 지금 먹는 음식은 불고기예요. • 집에 가는 사람은 민수 씨예요.
형용사	받침 O	-은	• 작은 가방을 사고 싶어요. • 집에 큰 구두가 있어요.
	받침 X	-ㄴ	

활동 : 점심 메뉴 제안하기

친구와 함께 점심에 무엇을 먹을지 이야기해 보세요.

가: _____?

나: _____.

가: _____?

나: _____.

memo

 **연습 문제**

※ [1~4] 그림을 보고 ⬚ 에 알맞은 것을 고르십시오.

1.

가: 무엇을 먹어요?
나: ⬚ 을/를 먹이요.

① 라면　　　　　② 우동
③ 냉면　　　　　④ 김치찌개

2.

가: 무엇을 먹어요?
나: ⬚ 을/를 먹어요.

① 튀김　　　　　② 김밥
③ 스파게티　　　④ 된장찌개

3.

가: 무엇을 먹어요?
나: ⬚ 을/를 먹어요.

① 떡볶이　　　　② 비빔밥
③ 돈가스　　　　④ 불고기

4.

가: 초콜릿 맛이 어때요?
나: 초콜릿이 ⬚ 아/어요.

① 시다　　　　　② 쓰다
③ 달다　　　　　④ 맵다

※ [5~7]　　　　에 들어갈 가장 알맞은 말을 고르십시오.

5.

> 오늘 저녁에 비빔밥을 먹으러 　　　　?
> 나: 네, 좋아요. 그럼 같이 식당에 가요.

① 갈까요　　　　　　　② 가세요
③ 가고 싶어요　　　　　④ 가지 않아요

6.

> 가: 이거 제가 만들었어요. 한번 　　　　.
> 나: 와, 고마워요. 정말 맛있어요.

① 먹어요　　　　　　　② 먹었어요
③ 먹고 있어요　　　　　④ 먹어 보세요

7.

> 저는 　　　　 음식을 좋아해요.

① 맵고　　　　　　　　② 매운
③ 매울　　　　　　　　④ 맵지만

11
날씨와 계절

학습 목표
- 한국의 날씨와 고향의 날씨를 고향의 날씨와 비교해서 말할 수 있다.

어휘
- 계절
- 날씨
- 계절 활동

문법
- -네요
- -아/어/여서
- -(으)ㄹ 수 있다/없다

어휘 ① 음식

공부해 보세요

 날씨　　 계절 (봄, 여름, 가을, 겨울)　　 따뜻하다

 덥다　　 시원하다　　 춥다

 맑다　　 흐리다　　 구름이 끼다

 안개가 끼다　　 비가 오다　　 비가 그치다

 장마가 오다　　 태풍이 불다　　 눈이 오다

날씨(그림)

가: 오늘 **날씨**가 어때요?

나: 조금 흐려요.

날씨가 좋아요.
날씨가 나빠요.
오늘은 **날씨**가 맑아요.

어휘 ① 계절과 날씨

계절
[봄, 여름, 가을, 겨울]

가: 무슨 **계절**을 좋아해요?

나: 저는 가을을 좋아해요.

한국은 사**계절**이 있어요.
저는 봄을 좋아해요.
저는 겨울을 안 좋아해요.

따뜻하다

가: 왜 봄을 좋아해요?

나: 날씨가 **따뜻해서** 봄을 좋아해요.

오늘은 날씨가 **따뜻하네요**.
봄은 **따뜻하고** 겨울은 추워요.
날씨가 **따뜻해서** 꽃이 펴요.

덥다

가: 여름을 좋아해요?

나: 아니요, 날씨가 **더워서** 안 좋아해요.

여름은 날씨가 **더워요**.
여름은 **덥고** 겨울은 추워요.
날씨가 **더워서** 수영하러 가요.

시원하다

가: 가을을 좋아해요?

나: 네, **시원해서** 가을을 좋아해요.

오늘은 날씨가 **시원하네요**.
가을은 **시원하고** 봄은 따뜻해요.
날씨가 **시원해서** 단풍을 보러 가요.

춥다

가: 겨울을 좋아해요?

나: 아니요, 날씨가 **추워서** 겨울을 안 좋아해요.

겨울은 날씨가 **추워요**.
겨울은 **춥고** 여름은 더워요.
겨울은 날씨가 **춥지만** 스케이트를 탈 수 있어요.

맑다

가: 어떤 날씨를 좋아해요?

나: 저는 **맑은** 날씨를 좋아해요.

오늘 날씨가 **맑아요**.
봄은 날씨가 **맑은** 날이 많아요.
날씨가 **맑아서** 소풍을 가고 싶어요.

흐리다

가: 오늘 날씨가 어때요?

나: 조금 **흐린** 것 같아요.

오늘 날씨가 **흐려요**.
이번 주에는 날씨가 계속 **흐렸어요**.
내일은 **흐릴** 거예요.

구름이 끼다

가: 내일 날씨가 어때요?

나: 내일은 **구름이 낄 거예요**.

오늘은 **구름이 꼈어요**.
지금 서울은 **구름이 꼈어요**.
구름 낀 하늘을 볼 수 있어요.

어휘 ① 계절과 날씨

안개가 끼다

가: 내일 날씨가 어때요?
나: 내일은 **안개가 낄** 거예요.

오늘은 **안개가 꼈어요**.
지금 서울은 **안개가 꼈어요**.
안개 낀 하늘을 볼 수 있어요.

비가 오다

가: 왜 봄을 좋아해요?
나: 날씨가 **따뜻해서** 봄을 좋아해요.

오늘은 날씨가 **따뜻하네요**.
봄은 **따뜻하고** 겨울은 추워요.
날씨가 **따뜻해서** 꽃이 펴요.

비가 그치다

가: 여름을 좋아해요?
나: 아니요, 날씨가 **더워서** 안 좋아해요.

여름은 날씨가 **더워요**.
여름은 **덥고** 겨울은 추워요.
날씨가 **더워서** 수영하러 가요.

장마가 오다

가: 언제 **장마가 와요**?
나: 다음 달에 **장마가 올 거예요**.

한국은 여름에 **장마가 와요**.
장마가 와서 비가 많이 와요.
다음 주에 **장마가 올 거예요**.

태풍이 불다

가: 언제 **태풍이 불어요**?

나: 다음 달에 **태풍이 불 거예요**.

지금 **태풍이 불어요**.
태풍이 불어서 밖에 안 나가요.
내일 **태풍이 불 거예요**.

눈이 오다

가: 언제 **눈이 와요**?

나: 내일 **눈이 올 거예요**.

와, **눈이 오네요**.
눈이 와서 기분이 좋아요.
눈이 와서 눈사람을 만들 거예요.

어휘 ❶ 계절과 날씨

연습해 보세요

1.

저는 _____을/를 좋아해요.

2.

여름은 날씨가 _____아/어요.

3.

가: 오늘 날씨가 어때요?
나: 조금 _____아/어요.

친구와 이야기해 보세요

가: 오늘 날씨가 어때요? / 어제 날씨가 어땠어요?

나: _____.

어휘 ② 계절 활동

> 공부해 보세요

 꽃이 피다　　 소풍을 가다　　 수영을 하다

 단풍을 보다　　 스케이트를 타다

꽃이 피다

가: **꽃이 많이 피었네요**.

나: 네, 봄이 온 것 같아요.

벌써 **꽃이 피었네요**.
공원에 **꽃이 펴서** 예뻐요.
집 앞에 **꽃이 많이 폈어요**.

소풍을 가다

가: 언제 **소풍을 갈까요**?

나: 날씨가 따뜻하니까 내일 가요.

소풍을 가서 김밥을 먹었어요.
봄에 **소풍을 갈 수 있어요**.
날씨가 좋아서 **소풍을 가고 싶어요**.

어휘 ② 계절 활동

수영을 하다

가: 오늘 같이 **수영을 하러** 갈까요?

나: 네, 좋아요.

바다에 가서 **수영을 했어요**.
여름에 **수영을 할 수 있어요**.
날씨가 더워서 **수영을 하고 싶어요**.

단풍을 보다

가: 내일 같이 **단풍을 보러** 갈까요?

나: 네, 좋아요.

산에 가서 **단풍을 봤어요**.
가을에 **단풍을 볼 수 있어요**.
가을이라서 **단풍을 보고 싶어요**.

스케이트를 타다

가: 다음 주에 **스케이트를 타러** 갈까요?

나: 네, 좋아요.

어제 친구들하고 **스케이트를 탔어요**.
겨울에 **스케이트를 탈 수 있어요**.
겨울이라서 **스케이트를 타고 싶어요**.

연습해 보세요

1.

날씨가 좋아서 _____ 고 싶어요.

2.

여름에 _____ (으)ㄹ 수 있어요.

3.

가: 다음 주에 같이 _____ (으)러 갈까요?
나: 네, 좋아요.

친구와 이야기해 보세요

가: (봄/여름/가을/겨울)에 무엇을 해요?

나: _____.

문법

-네요

동사나 형용사, '이다, 아니다'에 붙어 지금 알게 된 일을 서술하거나 감탄의 뜻으로 사용한다.

받침 O 받침 X	-네요	• 지금은 비가 그쳤네요. • 오늘은 집에 빨리 가네요. • 이 음식 정말 맛있네요. • 영화가 재미있네요.

-아/어/여서

동사나 형용사, '이다, 아니다'에 붙어 이유나 원인을 나타낸다.

'ㅏ, ㅗ' O	-아서	• 장마가 와서 비가 많이 와요. • 날씨가 좋아서 소풍을 가고 싶어요.
'ㅏ, ㅗ' X	-어서	• 태풍이 불어서 밖에 안 나가요. • 한국어가 재미있어서 공부해요.
-하다	-여서	• 날씨가 따뜻해서 봄을 좋아해요. • 청소를 해서 방이 깨끗해요.

-(으)ㄹ 수 있다/없다

동사에 붙어 능력이 있고, 없음을 나타낸다.

받침 O	-을 수 있다/ -을 수 없다	• 저는 한국어 책을 읽을 수 있어요. • 친구는 김치는 먹을 수 없어요.
받침 X ㄹ 받침	-ㄹ 수 있다/ -ㄹ 수 없다	• 가을에 단풍을 볼 수 있어요. • 저는 한국 음식을 만들 수 없어요.

활동 : 계절과 날씨 표현하기

친구와 한국과 고향의 날씨에 대해 이야기해 보세요.

가: _____?

나: _____.

가: _____?

나: _____.

memo

_____

_____

_____

_____

_____

 **연습 문제**

※ [1~4] 그림을 보고 〇〇〇에 알맞은 것을 고르십시오.

1.  오늘은 날씨가 _____.

   ① 맑아요　　　　　　　　② 흐려요
   ③ 눈이 와요　　　　　　　④ 구름이 꼈어요

2.  _____ 여름을 좋아해요.

   ① 수영을 할 수 있어서　　② 소풍을 갈 수 있어서
   ③ 단풍을 볼 수 있어서　　④ 등산을 할 수 있어서

3.  겨울은 많이 _____.

   ① 더워요　　　　　　　　② 추워요
   ③ 따뜻해요　　　　　　　④ 시원해요

4.  가: 지금 비가 와요?
   나: 아니요. 지금은 비가 _____.

   ① 왔어요　　　　　　　　② 봤어요
   ③ 내렸어요　　　　　　　④ 그쳤어요

※ [5~6] 무엇에 대한 이야기입니까?

5.

> 오늘은 흐리고 비가 많이 와요.

① 날씨 ② 요일
③ 시간 ④ 장소

6.

> 한국은 봄, 여름, 가을, 겨울이 있어요.

① 취미 ② 계절
③ 이름 ④ 날짜

※ [7] _____ 에 들어갈 가장 알맞은 말을 고르십시오.

7.

> 겨울에는 자주 스케이트를 _____.

① 타요 ② 쳐요
③ 해요 ④ 가요

12
기분과 감정

학습 목표
- 기분과 감정 표현 어휘를 사용하여 기분을 표현하는 할 수 있다.

어휘
- 기분
- 감정

문법
- -지요?
- -(으)니까
- -(으)ㄴ 것 같다

어휘 1 기분

공부해 보세요

 기분이 좋다　 기분이 나쁘다　 재미있다

 재미없다　 스트레스를 받다　 스트레스를 풀다

 행복하다　 기쁘다　 즐겁다

 부끄럽다　 반갑다　 슬프다

기분이 좋다

가: 지금 기분이 어때요?

나: 지금 **기분이** 아주 **좋아요**.

저는 지금 **기분이 좋아요**.
프엉 씨는 오늘 **기분이 좋은 것 같아요**.
내일은 고향에 가기 때문에 **기분이 좋아요**.

기분이 나쁘다

가: 지금 기분이 어때요?

나: 지금 **기분이** 조금 **나빠요**.

저는 지금 **기분이 나빠요**.
루나 씨는 어제 **기분이 나빴어요**.
미진 씨는 오늘 **기분이 나쁜 것 같아요**.

어휘 ① 기분

재미있다

가: 영화가 어땠어요?

나: 아주 **재미있었어요**.

게임이 **재미있어요**.
드라마가 **재미있었어요**.
한국어 공부는 **재미있지만** 조금 어려워요.

재미없다

가: 영화가 어땠어요?

나: 조금 **재미없는** 것 같아요.

게임이 **재미없어요**.
이 책은 **재미없어요**.
친구의 이야기가 **재미없었어요**.

스트레스를 받다

가: 무슨 일이 있어요?

나: 네. **스트레스를 좀 받아서요**.

저는 오늘 일이 많아서 **스트레스를 받았어요**.
내일은 발표가 있기 때문에 **스트레스를 받아요**.
글로리아 씨는 **스트레스를 받아서** 기분이 안 좋아요.

스트레스를 풀다

가: 어떻게 **스트레스를 풀어요**?

나: 저는 노래방에 가서 노래를 불러요.

스트레스를 풀고 싶어요.
저는 음악을 듣고 **스트레스를 풀어요**.
뚜언 씨는 운동을 해서 **스트레스를 풀어요**.

행복하다

가: 요즘 기분이 어때요?

나: **행복해요**.

저는 요즘 **행복해요**.
내일은 방학이기 때문에 **행복해요**.
미진 씨는 시험에 합격해서 **행복해요**.

기쁘다

가: 생일 선물이 너무 마음에 들어요.

나: 프엉 씨가 좋아하니까 저도 **기쁘네요**.

글로리아 씨가 **기쁜 것 같아요**.
저는 대학교에 입학해서 **기뻐요**.
미나토 씨는 경기에 이겨서 **기뻐요**.

즐겁다

가: 오늘 **즐거웠어요**.

나: 네, 저도 **즐거웠어요**.

어제 파티가 **즐거웠어요**.
저는 오늘 매우 **즐거워요**.
석진 씨가 **즐거운 것 같아요**.

부끄럽다

가: 무슨 일이 있어요? 얼굴이 빨개요.

나: 네. 조금 **부끄러워서요**.

뚜언 씨가 **부끄러운** 것 같아요.
저는 오늘 실수해서 **부끄러워요**.
사람들 앞에서 노래하는 것이 **부끄러워요**.

어휘 ❶ 기분

반갑다

가: 처음 뵙겠습니다.

나: 네. 만나서 **반갑습니다**.

만나서 **반가워요**.
만나서 **반가웠어요**.
반가운 사람을 만났어요.

슬프다

가: 왜 울어요?

나: 드라마가 너무 **슬퍼서요**.

영화가 너무 **슬퍼요**.
저는 오늘 조금 **슬퍼요**.
지금 듣는 음악이 **슬프기 때문에** 눈물이 나요.

연습해 보세요

1.

오늘은 일이 많아서 _____ 았/었어요.

2.

이 영화는 _____ 아/어요.

3.

가: 오늘 기분이 어때요?

나 : 새 친구가 생겨서 _____ 아/어요.

친구와 이야기해 보세요

가: 오늘 기분이 어때요?

나: _____.

어휘 ② 감정

공부해 보세요

 외롭다　　 지루하다　　 심심하다

 힘들다　　 무섭다　　 눈물이 나다

 화가 나다　　 짜증이 나다

외롭다

가: 요즘 기분이 어때요?

나: 조금 **외로워요**.

저는 요즘 너무 **외로워요**.
집에 혼자 있으니까 **외로워요**.
링링 씨는 외국 생활을 오래해서 **외로워요**.

지루하다

가: 이 드라마는 조금 **지루한** 것 같아요.

나: 그럼 다른 드라마를 봐요.

영화가 **지루해요**.
그 드라마가 **지루했어요**.
지금 읽는 책이 너무 **지루해요**.

심심하다

가: 조금 **심심해요**.

나: 그럼 놀이 공원에 갈까요?

오늘 일이 없어서 **심심해요**.
폴라 씨가 **심심한** 것 같아요.
민호 씨는 오늘 학교에 안 가서 **심심해요**.

힘들다

가: 요즘 바빠서 **힘들지요**?

나: 아니에요. 괜찮아요.

저는 일이 **힘들어요**.
아르바이트가 **힘들었어요**.
피터 씨가 조금 **힘든** 것 같아요.

무섭다

가: 뭐가 제일 **무서워요**?

나: 저는 고양이가 **무서워요**.

저는 밤이 너무 **무서워요**.
혼자 집에 있어서 **무서워요**.
이 영화가 조금 **무서운** 것 같아요.

눈물이 나다

가: 왜 울어요?

나: 책이 너무 슬퍼서 **눈물이 났어요**.

눈물이 나지 않았어요.
너무 기뻐서 **눈물이 나요**.
영화가 슬퍼서 **눈물이 났어요**.

어휘 ❷ 감정

화가 나다

가: 왜 **화가 났어요**?

나: 친구가 청소를 안 해서요.

친구가 늦어서 **화가 났어요**.
저는 오늘 매우 **화가 났어요**.
제임스 씨가 **화가 난 것 같아요**.

짜증이 나다

가: 왜 **짜증이 났어요**?

나: 오늘 밥을 못 먹어서요.

지금 아주 **짜증이 나요**.
링링 씨는 **짜증이 났어요**.
친구가 아직 안 와서 **짜증이 나요**.

연습해 보세요

1.

 버스를 못 타서 _____.

2.

 친구가 청소를 안 해서 _____ 아/어요.

3.

 가: 지금 기분이 어때요?
나: 기분 나쁜 일이 있어서 _____ 아/어요.

친구와 이야기해 보세요

가: 왜 화가 났어요?

나: _____.

문법

-지요?

동사나 형용사, '이다, 아니다'에 붙어서 이미 알고 있는 사실을 다시 확인할 때 사용한다.

받침 O 받침 X	-지요?	· 요즘 힘들지요? · 요즘 기분이 좋지요? · 시험에 합격해서 기쁘지요? · 학교에 지각해서 슬프지요?

-(으)니까

동사나 형용사 또는 '이다, 아니다'에 붙어 이유나 근거를 나타낸다.

받침 O	-으니까	· 이 영화는 재미있으니까 다음에 또 봐요. · 맛있는 음식을 먹으니까 기분이 좋아요.
받침 X	-니까	· 배가 아프니까 학교에 안 가요. · 손님이 오니까 청소를 하세요.

-(으)ㄴ 것 같다

동사나 형용사 또는 '이다, 아니다'에 붙어 말하는 사람이 어떤 일에 대해 추측함을 나타내며 추측하는 말을 할 때 사용한다.

받침 O	-은 것 같다	· 민수 씨 기분이 좋은 것 같아요. · 대학에 합격해서 기분이 좋은 것 같아요.
받침 X	-ㄴ 것 같다	· 요즘 바쁜 것 같아요. · 민지 씨가 슬픈 것 같아요.

활동 : 기분 표현하기

친구와 함께 자신의 기분과 그 이유를 이야기해 보세요.

가: _____?

나: _____.

가: _____?

나: _____.

memo

_____
_____
_____
_____
_____

 **연습 문제**

※ [1~3] 그림을 보고 _____ 에 알맞은 것을 고르십시오.

1.  시험에 합격해서 _____.

① 기뻐요　　　　② 싫어요
③ 무서워요　　　④ 외로워요

2.  수영이 _____ 매일 하고 싶어요.

① 나빠서　　　　② 지루해서
③ 심심해서　　　④ 재미있어서

3.  이 드라마가 너무 _____.

① 좋아요　　　　② 슬퍼요
③ 힘들어요　　　④ 즐거워요

※ _____ 에 공통으로 들어갈 말을 고르십시오.

4.　친구가 늦어서 화가 _____.
　　음식이 매워서 눈물이 _____.
　　동생이 청소를 안 해서 짜증이 _____.

① 나요　　　　② 가요
③ 있어요　　　④ 흘러요

※ [5] 무엇에 대한 이야기입니까?

5.
> 저는 너무 즐겁고 행복해요.

① 장소 ② 기분
③ 소개 ④ 날짜

※ [6~7] 그림을 보고 ▢ 에 알맞은 것을 고르십시오.

6.
> 가: 어떻게 스트레스를 ▢ ?
> 나: 저는 노래방에 가서 노래를 불러요.

① 줘요 ② 사요
③ 걸려요 ④ 풀어요

7.
> 노래방에서 노래를 ▢ 스트레스가 풀리네요.

① 불러도 ② 부르고
③ 부르지만 ④ 부르니까

13
여행

학습 목표
- 여행 경험과 여행 후 감상에 대해 이야기할 수 있다.

어휘
- 여행지
- 여행 종류
- 여행 관련 어휘

문법
- -기 전에
- -(으)ㄴ 후에
- -(으)ㄴ 적이 있다/없다

어휘 ① 여행지와 여행 종류

공부해 보세요

 산   바다   강

 섬   폭포   호수

 국내 여행   해외여행   신혼여행

 가족 여행   기차 여행   자전거 여행

산

가: 한국 **산**에 가 본 적이 있어요?

나: 네, 있어요.

한국은 **산**이 많아요.
한국의 **산**이 아름다워요.
산에 단풍을 보러 가요.

바다

가: 다음 주에 같이 **바다**에 갈까요?

나: 네, 좋아요.

바다를 보러 가고 싶어요.
어제 **바다**에 갔어요.
부산에서 **바다**를 볼 수 있어요.

어휘 ① 여행지와 여행 종류

강

가: 한국에서 **강**에 가 본 적이 있어요?

나: 네, 있어요.

강이 아주 아름다워요.
부산에는 **강**이 있어요.
한국은 한**강**이 유명해요.

섬

가: 한국에서 **섬**에 가 본 적이 있어요?

나: 네, 있어요.

한국은 **섬**이 많아요.
섬에 놀러 가고 싶어요.
제주도는 한국의 유명한 **섬**이에요.

폭포

가: 한국에서 **폭포**에 가 본 적이 있어요?

나: 아니요, 아직 없어요.

제주도에 큰 **폭포**가 있어요.
여행할 때 **폭포**에 갔어요.
여름에 **폭포**에 가고 싶어요.

호수

가: 어디에 여행 가고 싶어요?

나: **호수**를 보고 싶어요.

큰 **호수**를 보고 싶어요.
지난주에 친구하고 같이 **호수**에 갔어요.
호수에 가 본 적이 있어요.

국내 여행

가: 이번에는 **국내 여행**을 가는 게 어때요?

나: 네, **국내 여행**도 좋아요.

국내 여행을 가고 싶어요.
제주도로 **국내 여행**을 갈 거예요.
지난달에 **국내 여행**을 했어요.

해외여행

가: 이번 휴가에 뭐 할 거예요?

나: **해외여행**을 갈 거예요.

해외여행을 가고 싶어요.
미국으로 **해외여행**을 갈 거예요.
작년에 **해외여행**을 했어요.

신혼여행

가: **신혼여행**은 어디로 갈 거예요?

나: **신혼여행**은 어디로 갈 거예요?

결혼식이 끝나고 **신혼여행**을 갈 거예요.
괌으로 **신혼여행**을 갔다 왔어요.
신혼여행은 따뜻한 나라로 가고 싶어요.

가족 여행

가: **가족 여행**은 어디로 갈 거예요?

나: 가까운 곳으로 갈 거예요.

가족 여행을 가고 싶어요.
지난주에 **가족 여행**을 갔다 왔어요.
다음 주에는 시간이 있어서 **가족 여행**을 갈 거예요.

어휘 ① 여행지와 여행 종류

기차 여행

가: 여행을 잘 했어요?

나: 네. **기차 여행**이라 재미있었어요.

기차 여행을 하고 싶어요.
휴가 때 **기차 여행**을 했어요.
다음 달에 **기차 여행**을 할 거예요.

자전거 여행

가: 어떤 여행을 하고 싶어요?

나: 저는 **자전거 여행**을 하고 싶어요.

자전거 여행을 하고 싶어요.
자전거 여행은 조금 힘들지만 재미있어요.
작년에 서울에서 부산까지 **자전거 여행**을 했어요.

연습해 보세요

1.

　　　　　을/를 보러 가고 싶어요.

2.

결혼식이 끝나고 　　　　　을/를 갈 거예요.

3.

가: 어떤 여행을 하고 싶어요?
나: 저는 　　　　　을/를 하고 싶어요.

친구와 이야기해 보세요

가: 어디에 여행을 가고 싶어요? / 어떤 여행을 하고 싶어요?

나: _____.

어휘 2 여행 관련

공부해 보세요

 유명하다　　 아름답다　　 친절하다

 경치가 좋다　　 공기가 맑다　　 인기가 많다

 여행을 떠나다　　 여행 계획을 세우다

유명하다

가: 부산은 어떤 곳이 **유명해요**?

나: 여행 가기 전에 알아 볼 거예요.

한국에서 **유명한** 사람을 만나고 싶어요.
부산에서 해운대 바다가 **유명해요**.
유명한 식당에 간 적이 있어요.

아름답다

가: 부산 여행은 어땠어요?

나: 바다가 아주 **아름다웠어요**.

글로리아 씨, 오늘 너무 **아름다워요**.
바다가 너무 **아름다워요**.
어제 본 호수가 정말 **아름다웠어요**.

친절하다

가: 여행은 어땠어요?

나: 여행지의 사람들이 아주 **친절했어요**. 여행이 끝난 후에도 계속 연락해요.

한국 사람들이 **친절해요**.
저는 **친절한** 사람이 좋아요.
가게에 **친절한** 사람들이 많았어요.

경치가 좋다

가: 여행은 어땠어요?

나: **경치가 좋은** 곳에 많이 가서 너무 좋았어요.

경치가 좋은 곳에 가고 싶어요.
지난달에 간 여행지가 **경치가 좋았어요**.
산 위에서 보니까 **경치가 정말 좋아요**.

공기가 맑다

가: 등산은 어땠어요?

나: **공기가 맑아서** 기분이 좋았어요.

산 위는 **공기가 맑아요**.
공기가 맑은 곳에 가고 싶어요.
여행 간 곳이 **공기가 맑았어요**.

인기가 많다

가: 한국에서 어떤 여행지가 **인기가 많아요**?

나: 제주도가 **인기가 많아요**.

BTS가 **인기가 많아요**.
어떤 배우가 **인기가 많아요**?
한국 드라마가 **인기가 많아요**.

어휘 ② 여행 관련

여행을 떠나다

가: 언제 **여행을 떠날 거예요**?

나: 다음 달에 갈 거예요.

여행을 떠나고 싶어요.
휴가 때 사람들이 **여행을 떠나요**.
친구하고 같이 **여행을 떠날 거예요**.

여행 계획을 세우다

가: 벌써 **여행 계획을 세웠어요**?

나: 네, 빨리 여행을 가고 싶어서요.

빨리 **여행 계획을 세우세요**.
친구하고 같이 **여행 계획을 세웠어요**.
여행 계획을 세우는 것은 재미있어요.

연습해 보세요

1.

한국 사람들이 _____ 아/어요.

2.

산 위는 _____ 아/어요.

3.

가: 언제 _____ (으)ㄹ 거예요?
나: 이번 여름에 갈 거예요.

친구와 이야기해 보세요

가: 여행을 간 적이 있어요? 그 여행은 어땠어요?

나: _____.

문법

-기 전에

동사에 붙어 앞의 내용이 뒤의 내용보다 시간상 뒤임을 나타낸다.

받침 O 받침 X	-기 전에	• 여행을 가기 전에 여행 계획을 세워요. • 약을 먹기 전에 밥을 먹어요. • 잠을 자기 전에 샤워를 해요. • 사진을 찍기 전에 거울을 봐요.

-(으)ㄴ 후에

동사에 붙어 앞의 행위가 뒤의 행위보다 시간상 앞임을 나타낸다.

받침 O	-은 후에	• 밥을 먹은 후에 이를 닦아요. • 책을 읽은 후에 잠을 자요.
받침 X	-ㄴ 후에	• 여행 계획은 세운 후에 여행을 떠나요. • 한국어를 공부한 후에 한국 회사에서 일하고 싶어요.

-(으)ㄴ 적이 있다/없다

동사의 붙어 과거의 경험이 있거나 없음을 나타낸다.

받침 O	-은 적이 있다/ -은 적이 없다	• 해외여행을 간 적이 있어요. • 폭포에서 사진을 찍은 적이 있어요.
받침 X	-ㄴ 적이 있다/ -ㄴ 적이 없다	• 기차 여행을 한 적이 있어요. • 한국 음식을 먹어 본 적이 없어요.

활동 : 여행 경험 이야기하기

친구와 여행 경험을 이야기해 보세요.
여행을 간 적이 있어요?/그 곳은 어디예요?/어땠어요?

가: _____?

나: _____.

가: _____?

나: _____.

memo

_____

_____

_____

_____

_____

_____

 **연습 문제**

※ [1~4] 그림을 보고 _____ 에 알맞은 것을 고르십시오.

1.  한국은 _____ 이/가 많아서 등산하는 사람이 많아요.

① 산   ② 강
③ 바다   ④ 호수

2.  _____ 옆에 있어서 시원해요.

① 섬   ② 산
③ 호수   ④ 폭포

3.  요즘 _____ 을/를 가는 사람이 많아요.

① 해외여행   ② 신혼여행
③ 가족 여행   ④ 국내 여행

4.  가족들과 같이 _____ 을/를 해 보고 싶어요.

① 버스 여행   ② 기차 여행
③ 자동차 여행   ④ 자전거 여행

※ [5~7] ⬚에 들어갈 가장 알맞은 말을 고르십시오.

5.

제주도는 한국 사람이 모두 아는 ⬚ 섬이다.

① 유명한 ② 친절한
③ 따뜻한 ④ 조용한

6.

여행을 가기 전에 미리 여행 계획을 ⬚.

① 읽었다 ② 보았다
③ 세웠다 ④ 가졌다

7.

이번 휴가 때 다른 나라로 여행을 ⬚.

① 오고 싶어요 ② 보내고 싶어요
③ 떠나고 싶어요 ④ 기다리고 싶어요

14
병원

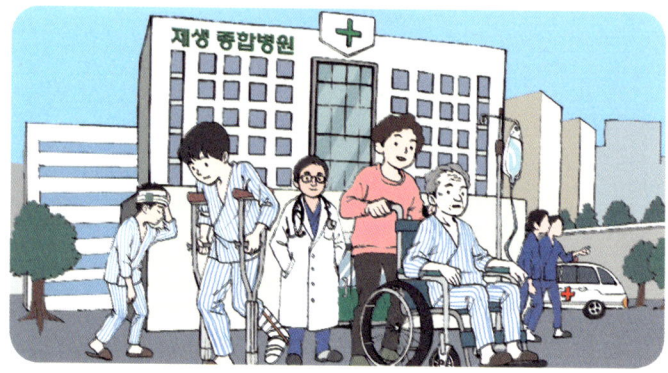

학습 목표
- 증상과 치료 관련 어휘를 사용하여 증상을 표현하는 할 수 있다.

어휘
- 증상
- 치료

문법
- 못/-지 못하다
- -아/어/여야 하다
- -지 말다

어휘 ① 증상

공부해 보세요

 머리가 아프다
 이가 아프다
 목이 아프다

 허리가 아프다
 배가 아프다
 배탈이 나다

 피가 나다
 열이 나다
 콧물이 나다

 감기에 걸리다
 몸이 안 좋다
 기침을 하다

 다치다

머리가 아프다

가: **머리가** 너무 **아파요**.

나: 그럼 일하지 말고 쉬세요.

머리가 아파서 잠을 못 잤어요.
머리가 아플 때는 약을 먹어야 해요.
석진 씨는 **머리가 아파서** 일을 할 수 없어요.

어휘 ❶ 증상

이가 아프다

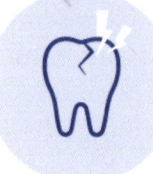

가: **이가 너무 아파요.**

나: 그럼 참지 말고 병원에 가세요.

이가 아파서 밥을 못 먹었어요.
이가 아플 때는 치과에 가야 해요.
글로리아 씨는 **이가 아파서** 일을 할 수 없어요.

목이 아프다

가: **목이 너무 아파요.**

나: 그럼 말을 하지 마세요.

목이 아파서 일을 못 했어요.
목이 아플 때는 따뜻한 물을 마셔야 해요.
미진 씨는 **목이 아파서** 일을 할 수 없어요.

허리가 아프다

가: **허리가 너무 아파요.**

나: 그럼 집에서 나오지 말고 누워서 쉬세요.

허리가 아파서 잠을 못 잤어요.
허리가 아플 때는 병원에 가야 해요.
윤아 씨는 **허리가 아파서** 일을 할 수 없어요.

배가 아프다

가: **배가 너무 아파요.**

나: 병원에 가 보세요.

배가 아파서 학교를 못 갔어요.
배가 아플 때는 병원에 가야 해요.
루나 씨는 **배가 아파서** 일어날 수 없어요.

배탈이 나다

가: 어제 **배탈이 났어요**.

나: 그럼 약을 먹고 쉬세요.

배탈이 나서 잠을 못 잤어요.
배탈이 났을 때는 약을 먹어야 해요.
제인 씨는 **배탈이 나서** 공부를 할 수 없어요.

피가 나다

가: **피가 나는데** 괜찮아요?

나: 네, 많이 안 다쳤어요.

코에서 **피가 났어요**.
피가 나서 밴드를 붙였어요.
피터 씨는 손에 **피가 나서** 요리를 할 수 없어요.

열이 나다

가: **열이 나요**.

나: 그럼 운동하지 말고 쉬세요.

열이 나서 잠을 못 잤어요.
감기에 걸려서 **열이 많이 났어요**.
글로리아 씨는 **열이 나서** 일을 할 수 없어요.

콧물이 나다

가: **콧물이 많이 나요**.

나: 그럼 차가운 것을 드시지 말고 이 약을 먹으세요.

콧물이 나서 약을 먹었어요.
콧물이 나서 일을 못 했어요.
감기에 걸려서 **콧물이 났어요**.

어휘 ❶ 증상

감기에 걸리다

가: **감기에 걸렸어요**.

나: 그럼 오늘 일하지 말고 쉬세요.

감기에 걸려서 일을 못 했어요.
동생이 **감기에 걸려서** 일을 할 수 없었어요.
감기에 걸렸을 때는 따뜻한 물을 마셔야 해요.

몸이 안 좋다

가: **몸이 너무 안 좋아요**.

나: 그럼 공부하지 말고 쉬세요.

몸이 안 좋아서 회사에 못 갔어요.
몸이 안 좋을 때는 약을 먹어야 해요.
민지 씨는 **몸이 안 좋아서** 일을 할 수 없어요.

기침을 하다

가: **기침을 많이 해요**.

나: 그럼 집에 일찍 가서 쉬세요.

기침을 많이 해서 힘들어요.
기침을 많이 해서 일을 할 수 없어요.
기침할 때는 따뜻한 차를 마셔야 해요.

다치다

가: 어디를 **다쳤어요**?

나: 손가락을 조금 **다쳤어요**.

다리를 **다쳐서** 아파요.
팔을 **다쳐서** 깁스를 했어요.
다리를 **다쳐서** 걸을 수 없어요.

연습해 보세요

1.

아/어서 약을 먹어야 해요.

2.

아/어서 밥을 못 먹어요.

3.

가: _____ 아/어요.
나 : 따뜻한 음식을 드세요.

친구와 이야기해 보세요

가: 어디가 아팠어요?

나: _____.

어휘 ② 치료

공부해 보세요

 병원에 가다   설명을 듣다   약을 먹다

 입원을 하다   수술을 하다   낫다

 퇴원을 하다

병원에 가다

가: 언제 **병원에 갈 거예요**?

나: 지금 갈 거예요.

감기가 심해서 **병원에 갔어요**.
시간이 너무 늦어서 **병원에 못 갔어요**.
지금 **병원에 가야 해서** 학교에 갈 수 없어요.

설명을 듣다

가: 하루에 세 번 먹어요?

나: 네. 약국에서 **설명을 들었어요**.

의사의 **설명을 잘 들어야 해요**.
설명을 잘 듣고 이야기해 보세요.
간호사에게 **설명을 듣고** 집에 가요.

약을 먹다

가: 배가 너무 아파요.

나: 그럼 **약을 먹고** 쉬세요.

약을 먹어서 운전을 못 했어요.
약을 먹을 때는 물을 마셔야 해요.
약을 먹을 때 주스와 함께 먹을 수 없어요.

입원을 하다

가: **입원을 해야** 해요?

나: 네. 수술을 하고 **입원을 해야** 해요.

다쳐서 **입원을 해야** 해요.
입원을 해서 운동을 할 수 없어요.
병원에 **입원을 해서** 회사에 못 갔어요.

수술을 하다

가: 다리가 너무 아파요.

나: **수술을 해야 해요**.

오늘은 **수술을 못 해요**.
수술을 했을 때는 푹 쉬어야 해요.
어제 **수술을 해서** 일어날 수 없어요.

낫다

가: 감기는 어때요? 다 **나았어요**?

나: 네. 이제 다 **나았어요**.

빨리 **나으세요**.
감기가 **나아서** 학교에 갈 수 있어요.
다리가 다 **나아서** 운동을 할 수 있어요.

어휘 ② 여행 관련

퇴원을 하다

가: 언제 **퇴원을 할 수 있어요**?

나: 다음 주에 할 수 있을 거예요.

내일 **퇴원을 해요**.
오늘은 **퇴원을 못 해요**.
다음 달에 **퇴원을 할 수 있어요**.

연습해 보세요

1.

병원에 가서 _____ 아/어야 해요.

2.

내일 _____ 아/어요.

3.

가: 지금 몸이 좀 어때요?
나: _____ 아/어서 일어날 수 없어요.

친구와 이야기해 보세요

가: 병원에 가서 무엇을 했어요? 어떻게 나았어요?

나: _____.

문법

못

동사 앞에 쓰여 어떤 동작을 할 수 없다거나 상태가 이루어지지 않았다는 부정의 뜻을 나타낼 때 사용한다.

받침 O 받침 X	못 -지 못하다	• 너무 시끄러워서 잠을 못 잤어요. • 이가 너무 아파서 밥을 못 먹었어요. • 아플 때 매운 음식을 먹지 못해요. • 스트레스 때문에 잠을 자지 못해요.

-아/어/여야 하다

동사나 형용사 또는 '이다, 아니다'에 붙어 앞과 뒤의 이유나 원인이 됨을 나타낼 때 사용한다.

'ㅏ, ㅗ' O	-아야 하다	• 일찍 자야 해요. • 지금 학교에 가야해요.
'ㅏ, ㅗ' X	-어야 하다	• 약을 먹어야 해요. • 따뜻한 물을 마셔야 해요.
-하다	-여야 하다	• 매일 운동해야 해요. • 꾸준히 공부해야 해요.

-지 말다

동사에 붙어서 다른 사람에게 어떤 행위를 금지할 때 사용한다.

받침 O 받침 X	-지 말다	• 매운 음식을 먹지 마세요. • 음악을 크게 듣지 마세요. • 늦게까지 게임하지 마세요. • 차가운 물을 마시지 마세요.

활동 : 증상 이야기하고 치료 방법 이야기하기

친구와 함께 '의사'와 '환자'가 되어 아픈 증상을 이야기한 후 치료 방법도 이야기해 봅시다.

가: _____?

나: _____.

가: _____?

나: _____.

memo

_____
_____
_____
_____
_____

 **연습 문제**

※ [1~4] 그림을 보고 ⬚ 에 알맞은 것을 고르십시오.

1. 가: 어디가 아파요?
   나: 어제부터 ⬚ 이/가 아파요.

   ① 손　　　　　　　　② 눈
   ③ 목　　　　　　　　④ 이

2. 가: 어디가 아파요?
   나: 감기에 걸려서 ⬚

   ① 열이 나요　　　　② 피가 나요
   ③ 콧물이 나요　　　④ 기침을 해요

3. 저는 다음 주에 ⬚

   ① 수술을 해요　　　② 입원을 해요
   ③ 퇴원을 해요　　　④ 진료를 해요

4. 차가운 물을 ⬚ 따뜻한 물을 마시세요.

   ① 마시고　　　　　② 마신 후에
   ③ 마시지 말고　　　④ 마시기 때문에

※ [5] 무엇에 대한 이야기입니까?

5.
> 머리가 아프고 허리도 아파요.

① 증상 ② 약속
③ 부탁 ④ 외모

※ [6~7] 그림을 보고 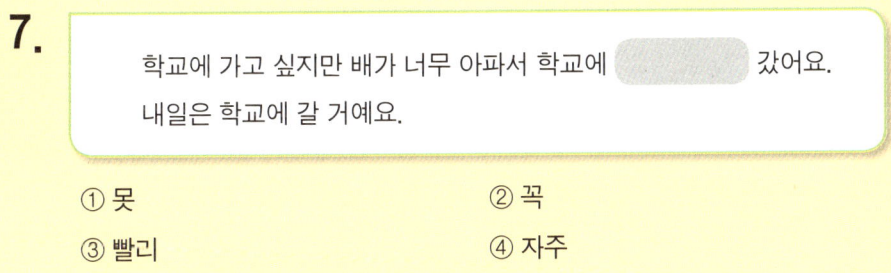 에 알맞은 것을 고르십시오.

6.
> 가: 배가 많이 아파요? 그러면 병원에 _____.
> 나: 네. 갈게요.

① 갔어요 ② 가야 해요
③ 가고 싶어요 ④ 간 적이 있어요

7.
> 학교에 가고 싶지만 배가 너무 아파서 학교에 _____ 갔어요. 내일은 학교에 갈 거예요.

① 못 ② 꼭
③ 빨리 ④ 자주

저자 소개

강현주

고려대학교 국어국문학과에서 한국어문화교육학 전공으로 박사학위를 받았으며 고려대학교 한국어센터에서 전임강사로 재직하며 정규과정, 특별과정 운영과 교육자료 개발한 바 있으며 외국인 유학생과 결혼 이주민의 언어 발달과 평가에 대한 연구를 수행하였다. 현재 호남대학교 한국어학과 교수로 재직 중이며, 한국연구재단 학제간융합연구과제의 공동연구원으로 한통이를 활용한 한국어교육자료를 개발하고 있다.

손지혜

부산외국어대학교에서 외국어로서의 한국어교육 전공으로 박사 과정을 수료하였고, 현재 부산외국어대학교 한국어문화교육원에서 강사로 재직 중이며, 한국연구재단 학제간융합연구과제 보조연구원으로 한통이의 한국어교육 내용의 연구 개발을 수행하고 있다.

변영훈

부산외국어대학교 한국어문화학부를 졸업하고, 부산외국어대학교에서 교육대학원에서 외국어로서 한국어 교육을 전공하였다. 현재 동명대학교 한국어학당에서 강사로 재직 중이며, 한국연구재단 학제간융합연구과제 보조연구원으로 한통이의 한국어교육 내용의 연구개발을 수행하고 있다.

류법모

KAIST 전산학과에서 자연언어처리 전공으로 박사학위를 받았고, 한국전자통신연구원에서 엑소브레인, 지능형정보검색 등 언어처리 및 인공지능 분야의 연구를 수행하였다. 현재 부산외국어대학교에 재직 중이며, 한국연구재단 학제간융합연구과제 연구책임자로서 한통이 연구개발을 수행하고 있다.